从殖民统治到国家独立
印度国家身份的建构

THE STATE IDENTITY CONSTRUCTION IN INDIA:
From Colonial Period to Independence

丁建军◎著

时事出版社
北京

图书在版编目（CIP）数据

从殖民统治到国家独立：印度国家身份的建构/丁建军著.
—北京：时事出版社，2019.11
ISBN 978-7-5195-0356-7

Ⅰ.①从⋯　Ⅱ.①丁⋯　Ⅲ.①政治—研究—印度　Ⅳ.①D735.1

中国版本图书馆CIP数据核字（2019）第245892号

出 版 发 行：时事出版社
地　　　址：北京市海淀区万寿寺甲2号
邮　　　编：100081
发 行 热 线：(010) 88547590　88547591
读者服务部：(010) 88547595
传　　　真：(010) 88547592
电 子 邮 箱：shishichubanshe@sina.com
网　　　址：www.shishishe.com
印　　　刷：北京旺都印务有限公司

开本：787×1092　1/16　印张：9.5　字数：150千字
2019年11月第1版　2019年11月第1次印刷
定价：78.00元
（如有印装质量问题，请与本社发行部联系调换）

本书系国家社会科学基金青年项目《印巴冲突对"一带一路"的影响及对策研究》(项目编号：18CGJ033) 的阶段性成果。

目 录

绪 论 _ 001

第一章 国家还是邦国？印度国家身份的历史基因 _ 014
第一节 邦国林立下的古印度 _ 014
第二节 种姓制度下古印度社会的身份维系 _ 021
第三节 印度教、佛教与伊斯兰教：构建印度社会联系的
　　　 基石 _ 026

第二章 "他者"的侵入：英国殖民统治与印度国家身份 _ 037
第一节 殖民者的侵入与印度社会的变化 _ 037
第二节 殖民统治背后印度国家概念的生成 _ 045
第三节 印度反殖民统治的斗争与国家身份 _ 051

第三章 印度建国道路与国家身份 _ 058
第一节 独立的"印度国家"：印度建国道路的探索 _ 058
第二节 非暴力不合作：甘地思想与印度国家认同的形成 _ 063
第三节 宗教立国与印巴分治：印度与巴基斯坦国家观念的
　　　 形成 _ 069

第四章　独立后印度政府对国家身份的界定及促进措施 _ 078
　　第一节　印度国家的建立与国家身份的界定 _ 078
　　第二节　印度政府强化国家身份的措施 _ 084
　　第三节　不断变化着的印度国家身份 _ 091

第五章　数十年的发展与印度国家身份的挑战 _ 096
　　第一节　政治的不稳定性与国家身份 _ 096
　　第二节　经济社会发展的不平衡性与国家身份 _ 102
　　第三节　宗教、文化的多样性与印度国家身份 _ 106
　　第四节　外部因素与印度国家身份 _ 110

第六章　印度国家身份：困惑与出路 _ 115
　　第一节　印度国家的统一需要国家身份的建构 _ 115
　　第二节　印度国家身份建构的方式对社会整合的副作用 _ 119
　　第三节　印度国家身份与对外政策 _ 122

余论　印度国家身份建构的历史与未来 _ 129

主要参考文献 _ 132

后　记 _ 145

绪 论

一、选题来源

所谓"身份"或者"认同",中文传统语汇里本有这样的说法,但本书中使用的是源于西方语汇的意义。在现代西方政治学理论中,"身份"或者"认同"的概念实际上是使用同一个词汇来表示的。在英语中,一般使用"Identity"这一词语来表示汉语中的"身份""认同"或者"特征"的意义,这是一个内涵极为复杂的词语。在这里,身份既是一种"自我界定",同时又是一种"自我与他人交往的产物"。[①] 亚历山大·温特等学者认为"身份认同是个性与特性(自我)的形象,是行为者特有的,并通过与他人的交往而形成的形象,有时还会改变这一形象"。[②] 认同会在一定程度上使个人或群体产生归属感,归属感的满足较容易带来安全感,而且每个人都不愿被遗忘和遗漏,也不愿被别人和社会所孤立,因此认同是人类在群体中一种非常重要的感觉,是人与生俱来的天性。认同也是自我认识的一个重要过程,透过认同在同一群体开启和强化"我"的认知,同时透过认同在不同群体中定位出"我们"与"他们"。因此,人类有了性别、宗教、社会生物、种族、阶

[①] [美]塞缪尔·亨廷顿著,程克雄译:《我们是谁?美国国家特征面临的挑战》,新华出版社2005年版,第22页。

[②] Ronald L. Jepperson, Alexander Wendt, and Peter J. katzenstein, *The Culture of National Security: Norms and Identity in World Politics*, Columbia University Press, 1996, p. 59.

级、民族和文化等认同,这些认同深深地影响着每个人的行动,也是认同力量的重要来源。因此,认同有个人身份认同和群体身份认同之分,但只有群体的身份才能保持其定型的特点,从而较为稳定。

与"认同"相应,"国家身份"是一种群体身份,以国家作为研究主体对象,讨论群体对所处国家的认同。罗伯特·斯卡拉皮诺认为,国家身份涉及一个群体特别是制定政策的精英对他们国家相对于其他国家的本质的认知方式。① 中国学者将这一概念引入,并做出相应的界定。如秦亚青认为:"国家身份指一个国家相对于国际社会的角色。"② 而夏建平则界定为:"所谓国家身份,是指一个国家相对于国际社会的角色,是基于国际社会承认之上的国家形象与特征的自我设定。"③ 概而言之,国家身份这一概念是存在于现代意义上的国际关系中的,其主体是主权国家。对于一个国家而言,它既包含主流国际社会对其的认同,也包含其对自身在国际环境中的形象、特征与作用等因素的定位。国家身份的定位要有"他者"作为参照,以将其与自身区分开,建立自己的身份特征。国家认同所涉及的不是一个具体的人如何看待自己的国家,而是以一种抽象状态存在的国家作为主体对诸如"我们是谁""谁是我们""谁是他者"这样的概念的界定。国家身份以国家为标志来区分"我们"与"他者"。同时,国家认同的主体又是这个国家的国民。所谓的"国民",不是具体的个人,而是具有国民身份的不同个体的抽象集合。这样,国家身份的建构总是与一定的文化、历史相关,并以特定文化、历史的归属性来映射国家的自我镜像。

---

① Robert A. Scalapino, *China's Multiple Identities in East Asia: China as a Regional Force*, in Lowell Dittmer and Samuel S. Kim, eds., *China's Quest for National Identity*, Ithaca and London: Cornell University Press, 1993, p. 215. 转引自李开盛:《民族复兴背景下当代中国的国家身份选择》,《国际社会科学杂志》2010 年第 1 期。

② 秦亚青:《国家身份、战略文化和安全利益——关于中国与国际社会关系的三个假设》,《世界经济与政治》2003 年第 1 期。

③ 夏建平:《中国国家身份的建构及其和平内涵——关于中国和平发展的建构主义分析》,《社会主义研究》2005 年第 1 期。

对我们来说，印度是一个熟悉而又陌生的国家。由于有着近200年的殖民地历史，其民族自觉与国家意识可以说是伴随着殖民者而衍生的。由于"他者"进入并建立起有明显剥夺感的殖民统治，生活在这片土地上的人们逐渐感悟到自身与殖民者的不同，并以印度传统的宗教信仰与历史传统来确定自身的族群归属，同时自觉地为自己的民族独立和国家富强而努力奋斗。在这个过程中，诸多非国族本身具有的文化特征，比如宗教信仰也被用来作为国家建构的材料加以利用，从而完成了印度和巴基斯坦两个不同国家的建构。印度的民族独立运动很少强调原有的国家与民族，而是重视从印度传统宗教文化中寻求凝聚力量的资源。传统的印度社会没有"祖国"这样的观念，印度的国家观念更多地是在与殖民者的比较中衍生的。基于印度极其特殊的社会结构，在反对殖民主义、争取民族独立的过程中，其国家意识和民族认同更多地是一种假借，其间夹杂着教派主义和宗教教义。在完成国家独立以后，印度延续了这类认同的假借，确立了自身的国家理想与施政纲领，以保障国家的凝聚力和政治结构的稳定。这些特点都是极具印度特色的。直至今天，印度的国家结构都较为松散，其复杂性远超我们的想象。

基于印度国情的特殊性和复杂性，针对其国家身份问题的研究具有特殊重要的意义。第一，印度是一个历史悠久的文明古国，通过丝绸之路等经济与文化的纽带，其与中国保持了2000多年的密切联系；第二，印度有近200年的殖民地历史，也有长期的抗争史与探索史，这段历史也与中国人民的抗争史和革命史有着密切的联系；第三，印度独立以后，作为第三世界国家，其独立探索建设之路的经验对我们也有积极的借鉴意义。可以说，这一问题对于认识印度的历史文化有着重要作用，而国内外的相关研究尚有不足，因此研究印度国家身份问题具有一定的必要性。在"国家身份认同"这一理论框架下，笔者也对相关基础材料进行了搜集，足以支撑这一问题的研究。基于以上情况，本书拟选择印度国家身份问题作为研究论题。

值得注意的是，印度国家身份并不是一种单色调的意识形态，而是一种具有复杂性和流变性的自我定位。在不同的时间和空间范围内，不同的人对自身的国家身份问题可能会有不同的态度和思维。国家身份认同从来不是一种固定化的概念，它既可能源于民众对于自己国家的历史经验与记忆，也可能基于不同个体的特殊利益与需求，甚至可能基于非理性、非客观状态下产生的一种国民心态。对于印度这样一个民族关系、宗教关系和社会阶层极为复杂的国家来说，国家身份问题无疑是一个复杂的问题。作为外在的观察者，我们在分析的时候一不小心就可能会出现以点代面、只及一点而不及其他的问题。但正如尼赫鲁所说的，"一个有浪漫文化背景和共同人生观的国家，发展了一种特别精神，铭刻在它子孙的心中，不管他们之间有多少差异"。[①] 国家身份认同应该是这种特别精神的重要组成部分，必然要被印度人民所珍视。

二、前人研究成果简述

（一）国外研究现状及分析

印度是一个重要的国家，有关印度的研究已经有不少。就国家认同这个问题而言，国内外同行的现有研究也足以形成较深入的学术对话。从笔者业已获得的有关著作、论文和其他资料及其相互引证的情况来看，本部分尝试着总结如下：

在国家认同的基础理论方面，关于身份问题的理论研究有不少。就笔者所见，意义最重要的首推美国著名学者塞缪尔·亨廷顿先生的《我们是谁？美国国家特性面临的挑战》一书。该书虽然论述的是"美国的国家特性/国民身份在历史上和现实中的重要作用，以及美国人认为

---

① [印] 贾瓦哈拉尔·尼赫鲁著，齐文译：《印度的发现》，世界知识社1956年版，第61页。

自己有哪些共同之处，从而使自己区别于别国人民"，① 但是亨廷顿先生对"身份"所做的独特界定与阐述，尤其是对"自我界定"的重要性的阐述，以及书稿的论述方式、论述结构等都对笔者有重要的借鉴意义。与此相关的另一部经典著作是本尼迪克特·安德森所著的《想象的共同体——民族主义的起源与散布》。该书于2011年由上海人民出版社出版译介引入国内，迅速引起学界的广泛讨论，算得上是20世纪末一部讨论民族主义及其起源的典范之作。安德森认为，国家意识与民族认同都是一种特殊的人造物，他将其命名为"想象的共同体"。更重要的是，安德森有效论证了民族主义从美洲最先发生，然后再向欧洲、亚非等地逐步扩散的历史过程，② 这个过程对于本书研究印度国家意识的产生具有极其重要的启发意义。

英国哲学家威廉姆斯（C. J. F. Williams）在《何谓认同》（*What is Identity?*）一书中对身份进行了系统的研究，这有助于读者更有效地理解"身份"这一概念，从而有助于笔者关于印度国家身份认同的研究。③ 英国学者安东尼·D. 史密斯（Anthony D. Smith）的《民族认同》（*National Identity*）一书，虽然主要研究的是人们忠诚于自己祖国的原因，以及怎样才能培养人们对于自己祖国的这种忠诚感，但是这些理论却在某些方面有助于笔者关于印度国家认同的形成与发展的构思和研究。④

关于印度国家身份认同的问题，国外也有某些相关成果。在《身份与暴力——命运的幻想》一书中，阿马蒂亚·森讨论了多个由身份认同危机引发的事件，包括1947年他亲身经历的印巴分治时的毁灭性身份

---

① ［美］塞缪尔·亨廷顿著，程克雄译：《我们是谁？美国国家热性面临的挑战》，新华出版社2005年版，第1页。

② 参见［美］本尼迪克特·安德森著，吴叡人译：《想象的共同体——民族主义的起源与散布》，上海人民出版社2011年版。

③ C. J. F. Williams, *What is Identity*, Published by Oxford University Press, 1989.

④ Anthony D. Smith, *National Identity*, Published by University of Nevada Press, 1993.

暴力事件，以及波斯尼亚、卢旺达、巴勒斯坦和苏丹因身份认同而引发的暴行，再到伊斯兰极端分子与西方国家之间的战争等由身份认同而引发的大规模的暴力冲突等等。在剖析了若干案例之后，他用富于理智与幽默的方法探讨了现代社会发展中最困难且最危险的一些问题——包括种姓、身份认同与冲突——的根源，并指出"每一个人可以同时归属于不同的群体，在每一种情况下，各种不同的身份的相对重要性是不一样的，因此对于人类生活而言，最关键的莫过于选择与推理的责任"。①也就是说，身份是可变的，是可以选择的。因此，阿马蒂亚·森从根本上对传统的看法提出质疑，并提出自己独特的观点。这些独具特色的观点有利于启发笔者的想象与研究。此外，在《惯于争鸣的印度人：印度人的历史、文化与身份论集》一书的第四篇中，阿马蒂亚·森对印度人的身份问题也有一些精辟的论述，这对于笔者的写作有很重要的参考价值。②

印度前外交官沙希·塔鲁尔（Shashi Tharoor）在《印度：从午夜到千禧年甚至更远》（*India: From Midnight to the Millennium and Beyond*）一书中，从历史和现实、自然环境与人文环境出发，分析了印度的国家、社会、文化特征，即"印度像一个大浅盘，虽然各不相同，但又能和谐地共存在一起"，③进而回答了"谁是印度人"这一问题。塔鲁尔出生在印度，在印度接受教育直至大学毕业，随后留学美国，并长期担任国际机构的重要职务，因此他能从一个印度人的视角来比较印度独立后人们思想、行为方式、社会、环境等方面的变化，比如他在第一章中比较了自己大学毕业时与21世纪初印度人对国庆日的态度以及

---

① [美] 阿马蒂亚·森著，李凤华、陈昌升、袁德良译：《身份与暴力——命运的幻想》，中国人民大学出版社2009年版，第3页。

② [印] 阿马蒂亚·森著，刘建译：《惯于争鸣的印度人：印度人的历史、文化与身份论集》，中国人民大学出版社有限公司2018年版。

③ Shashi Tharoor, *I India, From Midnight to The Millennium And Beyond*, Published by the Penguin Group, New Delhi, 2007, p.4.

印度人爱国思想的变化等。同时，塔鲁尔又能跳出印度人的局限，以外国人的视角来审视印度独立后各个方面发生的变化，从而提出自己独特的观点。因此，虽然塔鲁尔的《印度：从午夜到千禧年甚至更远》并不是专门研究印度国家认同的专著，但该书仍对笔者的写作具有极大的帮助与借鉴意义。

此外，拉斐奇·多萨尼所著的《印度来了》一书中有部分章节简要叙述了印度身份认同问题；[1] 塞斯雅姆斯（T. V. Sathyamurthy）在《当代地域、宗教、种族、性别和文化》（*Region, Religion, Caste, Gender and Culture in Contemporary*）一书中主要研究了近代印度的宗教、种姓、文化等情况。[2] 这些研究均为探讨印度国家身份认同问题奠定了基础，也对本书的写作有重要的参考价值。

（二）国内研究现状及分析

从笔者掌握的资料来看，目前国内学术界对这一问题的研究还相对薄弱，与此相关的专著尚未出现，不过与此相关的研究已经起步，近年来已有学者发表了一些论文。

基础理论方面，陶家俊的《身份认同导论》主要从启蒙哲学、经典马克思主义和当代少数话语出发来研究"身份认同"理论所经历的三次发展变化、所形成的三种不同的身份认同模式，即启蒙身份认同、社会身份认同和后现代去中心的身份认同。虽然此文不是专门研究印度国家认同的，但是作者关于身份认同的理论研究对于笔者厘清身份认同理论的发展变化具有重要的启迪与指导意义，有助于笔者关于印度国家身份认同的研究。

罗志祥的《浅析民族分离运动中的认同因素》从身份认同的概念

---

[1] ［美］拉斐奇·多萨尼，张美霞、薛露然译：《印度来了》，东方出版社2009年版。

[2] T. V. Sathyamurthy, *Region, Religion, Caste, Gender and Culture in Contemporary*, New Delhi, 2007.

出发，阐释了国家认同与身份认同的关系，进而阐释了为何在民族关系中会发生"我们"与"他们"的对抗和冲突，这对本书的写作具有一定的参考价值。

此外，秦亚青的《作为关系过程的国际社会——制度、身份与中国和平崛起》以及其他一些论文，从国际关系理论的视角研究中国的身份认同问题，其研究方法和观点对于笔者分析印度的国家认同问题具有借鉴和参照比较的作用。

此外，李慧明的《国际关系中的国家身份》（《学术论坛》2007年第12期）、蔚彬的《转型期中国国家身份认同的困境》（《现代国际关系》2007年第7期）和王立新的《"我们是谁?"威尔逊、一战与美国国家身份的重塑》（《历史研究》2009年第6期），则选择不同的研究客体，从不同角度探讨了国家身份问题，深化了对国家身份的有关理论问题的思考，对本书有一定的借鉴作用。

关于印度国家身份认同的问题，国内近年也出现了数篇论文。邱永辉的《"印度教认同"与印度人民党》一文从印度国内宗教与政治的角度出发，关注印度自20世纪80年代开始的"印度教认同"趋势、教派主义的兴盛与印度人民党的崛起、印度人民党提出的"印度教主义"以及印度争取世界承认其大国地位等问题。[①] 就笔者所见，这是国内首篇以"身份认同"为视角研究印度国内问题的论文，在学界具有开创性地位，至今仍极具启发意义。欧东明的《印度的民族认同与宗教认同》一文则从历史的角度分析印度的民族认同与宗教的关系，认为印巴分裂对印度穆斯林的宗教认同起着枢纽性的作用。[②] 付彦林在《外来挑战、身份认同与印度教民族主义的产生》一文中认为，印度长期以来形成一种基于宗教的等级身份认同，而伊斯兰教的传播和英国殖民统治两

[①] 邱永辉：《"印度教认同"与印度人民党》，《四川大学学报（哲学社会科学版）》1999年第1期。

[②] 欧东明：《印度的民族认同与宗教认同》，《南亚研究季刊》2008年第4期。

大外来因素从根本上改变了这种认同。① 在此基础上，双方围绕宪政改革产生分歧，形成印度的两大宗教民族主义。此外，刀书林与张四齐在《印度"国家意识"的推进和发展》一文中论述了印度独立以后，国家主要采取何种措施来推进印度的"国家意识"。② 此文虽然只是论述了印度独立以后"国家意识"的发展，并没有涉及印度国家意识的形成，也没有论及独立后国家意识的发展情况，但其对于独立后印度为了加强"国家意识"而采取的措施的论述却是相当详尽与成功的。

宋丽萍在《宗教与印度国家整合》一文中论述了印度独立后，针对宗教多样性的现状，印度政府是如何实现国家的整合的。③ 印度是一个拥有多种宗教的国家，而且历史悠久，宗教不仅影响着印度人的日常生活，而且在国家事务中具有重要的作用，因此了解宗教与实现国家整合之间的关系，对于理解印度国家身份认同的形成与发展具有重要的意义。此外，宋丽萍的另一篇论文《试析印巴分治后印度穆斯林身份认同的发展变化》研究了印度独立后，印度穆斯林身份认同的发展变化问题，④ 对于笔者研究印度国家身份认同也有一定的借鉴价值。

郭洪纪的《国家主义与当代印度崛起及其趋向辨析》一文辨析了印度国家主义对印度族群整合的作用，⑤ 吴宏阳的《教派矛盾与印度的政治世俗化进程》一文主要研究了印度教派矛盾对印度世俗化进程所造成的阻碍。⑥ 这几篇论文论述的主题虽与本书不是特别切合，但仍对笔

---

① 付彦林：《外来挑战、身份认同与印度教民族主义的产生》，《南亚研究季刊》2017年第3期。
② 刀书林、张四齐：《印度"国家意识"的推进和发展》，《现代国际关系》2004年第10期。
③ 宋丽萍：《宗教与印度国家整合》，《唐都学刊》2006年第5期。
④ 宋丽萍：《试析印巴分治后印度穆斯林身份认同的发展变化》，《唐都学刊》2007年第6期。
⑤ 郭洪纪：《国家主义与当代印度崛起及其趋向辨析》，《青海师范大学学报（哲学社会科学版）》2009年第3期。
⑥ 吴宏阳：《教派矛盾与印度的政治世俗化进程》，《郑州大学学报（哲学社会科学版）》2001年第3期。

者书稿的写作具有参考价值。

孙士海的《印度政治五十年》一文主要研究了独立后的半个多世纪中印度政治发展变化的特点，虽然印度在政治上保持了基本的稳定，但其现代政治制度与传统社会结构的矛盾也使得印度的政治发展产生了一些弊端，这些弊端将导致印度社会暴力和政局动荡不安。① 这些研究表面上看起来与印度国家身份认同的形成和发展没有什么实质性的联系，但仔细思考后却能发现，要想真正弄懂印度国家身份认同的形成与发展，尤其是印度独立后国家身份认同的发展，就必须首先弄懂印度独立后的政治发展变化，因此可以说，孙士海的这篇论文对本书的写作起着基础性的作用。

需要注意的是，自季羡林先生等前辈学者开创南亚史研究以来，国内对印度史和南亚史的研究已有数十年的积累，并出现多部印度通史性著作，此外还有不少外文著作被翻译介绍到国内。这些著作为较为精细的研究提供了基本史事的参考，某些书后所列索引与参考文献也在某种程度上提供了资料搜集的线索，其开创之功不容忽视。在此仅列举数种具有代表性的著作：季羡林的《印度简史》（湖北人民出版社，1957年），培伦的《印度通史》（黑龙江人民出版社，1990年），李文业的《印度史：从莫卧儿帝国到印度独立》（辽宁大学出版社，1998年），林承节的《印度史》（人民出版社，2004年），林太的《印度通史》（上海社会科学院出版社，2012年），迪·罗特蒙特赫·库尔克的《印度史》（王立新、周红江译，中国青年出版社，2008年），斯坦利·沃尔波特的《印度史》（李建欣、张锦冬译，东方出版社，2013年），《新编剑桥印度史》系列（云南人民出版社，2011年以来陆续出版，目前已经出版8册），K·M.潘尼迦的《印度简史》（简宁译，新世界出版社，2016年），芭芭拉·戴利·梅特卡夫的《剑桥现代印度史》（李

---

① 孙士海：《印度政治五十年》，《当代亚太》2000年第11期。

亚兰、周袁、任筱可译，新星出版社，2019年）等。除此之外，国内外有关印度历史和印度文化的研究还有很多，本书将在正文引注及参考文献中列出，在此不赘述。

三、研究方法的检讨与研究思路的展开

毋庸讳言，以"身份认同"的视角讨论国家建构的问题，已经成为当下的一个学术热点。无论是在历史学界还是社会学、人类学界，相关研究已经越来越多。不同于传统研究将国家作为一个客观存在的实体，"身份认同"所讨论的主要是"国民"群体对"国家"这个概念的认识。对于个体来说，"国家"这个概念有可能是明确的，也有可能仅仅存在于自己的潜意识中，还有可能随时发生变化。传统研究中的革命史观或民族主义的叙事模式，都受到一定程度的冲击。"印度人民反对殖民统治和帝国主义的斗争""印度人民寻求独立建国的艰辛探索"这样的选题，似乎越来越不受研究者重视。随着研究的深入，关于国家和民族的很多传统概念，诸如"先进""落后"以至于"发展""进步"，都得到某种程度上的清理和反思。讨论"国家认同"的问题，按照从古至今的时间线索来叙述，似乎也成为一个可以抛弃的研究范式。不过，历史的发展是有延续性的，"身份认同"也并非不可捉摸的。从"他者"的镜像来观照"自我"的特性，在不同的历史时期也会有不同的特征。印度国家身份的建构，还是有清晰的脉络可以追寻的。本书的讨论还是沿用了以时间为线索的叙事模式，希望坐实到史事中来剖析印度国家身份的发展过程，而不是进行空泛的理论探讨。

本书的写作与传统历史叙事模式最大的不同在于，我们并不希望以历时性的叙述还原印度国家的线性发展过程，而是力图以历史的方法来诠释印度人是如何塑造自己、如何塑造自己的国家的。基于这样的研究视角，我们可能会将印度独立与发展过程中的国家结构、法律制度、经

济政策等现实的制度，放在建构者和塑造者的角度去分析。不同时代建构和塑造出的印度国家表述，都有特定的历史语境。对于研究者来说，当我们在追寻特定话语的历史语境时，往往不得不进入到话语制造者所处的时代背景之中。要对宏大的时代背景进行分析，还是需要以传统的历史叙事作为基础的，这也是本书特别重视利用传统的研究成果特别是历史学基础研究的原因之所在。

本书认为，从历史的角度讨论印度国家身份建构的历程，有两个不同的历史阶段。这两个阶段分别是殖民统治时代和独立后的时代，第一个阶段主要是通过民族独立运动建立起独立的印度国家，第二个阶段主要是在独立自主的基础上建立和完善符合自身发展特点的国家制度。在这两个阶段之前，古印度并没有形成统一的国家，也没有所谓的国家身份认同。不过，古印度独特的历史与文化，却构成日后印度知识分子建构国家身份的素材。本书的第一章就以追溯历史的方式，追寻这些被用来建构印度国家身份的文化基因。笔者认为，印度国家身份建构的历程，是伴随着英国殖民者的进入而开始的。本书的第二章从英国殖民者这个"他者"的进入开始讨论，分析国家身份如何在"他者"的参照下萌发。正是由于自己与"他者"之间存在强烈的反差，印度人民在反抗"他者"统治并学习"他者"的过程中，开始了建立独立的印度国家的奋斗历程。甘地和尼赫鲁等印度建国的先驱们，探索出一条建立独立的印度国家的道路，并设计了未来的印度国家形态。本书的第三章，讨论的就是印度独特的建国道路与国家身份建构历程的关系。

印度独立以后，以一个主权国家的身份广泛参与国际社会的活动，同时在国内制定了符合自身国情的政治、经济制度。印度对国家性质的界定和解读，主要是通过《印度宪法》和其他的法律、政策来体现的。国家政策和国民认同的互动，推动着印度国家身份的一次次重新塑造。随着世界局势的变化，印度国家发展往往会被迫面对诸多从未遇到的问题，并着手采取新的应对举措。而这些举措往往也与国家身份的重构密切相关。本书的第四章和第五章分别讨论了印度独立之初的国家身份建构与数十年发展历程中的重塑，同时分析印度国家发展过程中国家身份构建所面临的挑战。第六章则从印度国家身份建构的现实出发，分析其未来发展将继续面对的问题与困惑，并试图从历史的角度讨论其可能的出路。

　　本书的研究在具体操作层面还面临诸多难点。"身份认同"不像法律文本那样确定无疑，也不像数据统计那样明确清晰，其中有着太多难以衡量的不确定因素。印度的国家构建进程，比如国名的确定、国体的设置、政体的性质等，多受到殖民者的控制和影响，到底在多大程度上代表了印度民众的认同状态，是很难衡量的。殖民政府、自治实体和某些政党（如国大党、穆斯林联盟）等组织利用这些认同符号凝聚民众，其实际效果与政治目标是否契合，也是值得精细思考的。此外，部分核心概念如甘地、尼赫鲁等人文章中的"印度""非暴力（爱）""宗教"等，都具有多重含义，并不能简单用汉语直接对应。对这些概念进行判断与分析，要求研究者具备多语言的素养，还要对当时、当地的历史文化背景有深入的研究。本书的初步尝试，希望能为这些难点的解决做出努力，并对学界的进一步研究有所帮助。

第一章／国家还是邦国？印度国家身份的历史基因

尼赫鲁在《印度的发现》一书中指出，"一个印度人和一个英国人对印度和它在世界上地位的看法是难免分歧和相异的，因为各人都为个人的和民族的迥然不同的过去历史所局限住了"。① 印度国家身份认同深受其源远流长而又灾难深重的历史的影响，可以说，正是印度的历史铸造了印度的民族性格，塑造了印度国家的自我。事实上，印度有悠久灿烂的文明，却没有同样历史悠久的统一国家。不过，现代印度国家的历史基因却可以从悠久的历史中去追寻。本章拟从印度历史的角度分析印度的国家形态，并寻求印度社会结构与宗教信仰中的文化特质，从而为印度国家身份问题的讨论提供参考。

第一节 邦国林立下的古印度

古代印度特殊的历史与文化传统对当代印度社会以及政治、经济等诸方面都有着根深蒂固的影响。印度有着长达数千年的历史，虽然各种原因造成了无数断裂与突变，但也有无数历史因素影响着今天印度人的生活；历史记忆与历史书写不断重新诠释过去的史事，但客观存在的历

---

① ［印］贾瓦哈拉尔·尼赫鲁著，齐文译：《印度的发现》，世界知识社1956年版，第696页。

史事实不会因书写而改变。一个国家或民族的历史，是构成这个民族或国家情感最重要的基石。同时，对国家或民族的神圣化，也只能存在于其历史传统的基础之上。可以说，古代印度的历史基因对现代印度社会的各个层面都有着广泛而深远的影响。要想分析印度国家身份问题的发展过程，印度的历史文化传统是不可忽略的。我们探讨古代印度的历史文化传统，以及这些传统对现代印度的影响，对于研究今天的印度国家身份问题也起着至关重要的作用。

文明的产生与发展离不开独特的自然环境与地理格局。南亚次大陆特殊的地理环境决定了古代印度在农业社会相对落后的社会生产方式之下缺乏广泛的经济文化交流。南亚次大陆处于一个半封闭的地理空间内，周边除了海洋就是广袤的高原和终年积雪的高山，只能通过一些山口与外界保持联系。在航海技术尚未成熟的时代，南部的印度洋（Indian Ocean）将印度与中南半岛、中东和非洲的广袤地区隔绝。北部的山脉形成的天然屏障虽然可以阻挡入侵的军队，但也给南北印度的互通造成难以克服的障碍。印度西部延伸的是兴都库什（Hindu Kush）和俾路支山脉（Baluchi Hills），北部耸立的是世界屋脊喜马拉雅山脉（Great Himalayas），恒河与布拉马普杜拉河交汇处以东是绵延不绝的缅甸山脉（Burmese Mountain）。这样的地理格局让古印度形成许多文化异质性很强的邦国与部落。这些邦国与部落中，北部和南部的发展相对独立，属于两大独立的文化类型。可以说，在相当漫长的时期，南亚至少存在两个不太遥远却又相互独立的文化发展区域。与此同时，横贯印度中部的温德亚山脉和德干高原在阻碍了古代印度的南北交流的同时，也隔断了相互之间的军事竞争，相对独立的河流致使不同的部落、种族有可能依河流建立成群的相互独立的小王国，并且长期以来互不干涉、独立发展。同时，南亚次大陆气候条件较为优越，降水量充沛，日照充足，非常有利于农作物的生长。恒河与亚穆纳河汇合地的附近，坐落着北方邦的现代化城市安拉阿巴德，平均年降水量1000毫米；由此向东，年均降水量则达2500毫米以上；而到了孟加拉和阿萨姆，降水量甚至更多，那里可种植水稻，有时能够一年两熟甚至三熟。小麦、大麦和小米是恒河平原西部以及旁遮普北部的基本作物，那里的年降水量在500毫米左右，达不到1000毫米。甘蔗也生长于这两个生态区域，是印度最常见和最重要的产物之一。古代印度的物产足以养活各个邦国的人口，各个邦国也没有向外扩张的需求与动力。古代印度各邦之间虽时常发生战争，但这些战争并没有成为统一的前奏。古代印度有着广泛的山河交界的坡地，既具备优良的灌溉条件，又不至于遭受大的灾害，这就使得古代印度没有建立大一统的中央政权组织全国的人力、物力进行大的水利工程建设的必要。特殊的物质生产方式让古代印度没有了统一的动力，相互隔绝的封闭境地又使得古代印度的统一失去了可能性。自给自足的小农经济长期存在，是古代印度长期分裂的根源。在这样的情况下，"古代印度只是一个地理概念，并不是一个统一的国家"。[1] 著名的印度古代史专家罗米拉·塔帕尔也认为"印度历史是一部长期分裂的历史，是一部由部落社会不断向国家过渡的历史"。[2]

  古代印度从来就没有统一过，因而所谓统一的印度国家认同也就无从谈起。同时，四分五裂的政治形势和相互隔绝的地理环境，也使得古印度难以形成统一的意识形态。这与古代印度的分裂形势互为因果。长期分裂的历史、复杂的民族与人种分布状况使得今天的印度成为一个缺乏主体民族的国家，而渊源久远的种姓制度也成为各个民族内部融合的阻碍力量。在古代的大部分时间里，现代意义上的印度疆域内处于一种王国林立、争斗不休的分散状态。这种状态一直持续到英国于印度建立殖民统治之前。"古代印度历史上从未有过一个类似秦国或是普鲁士的强大中央集权国家统一南亚次大陆，大多数王朝因无法实现中央集权国

---

[1] 王安琪：《古代印度并非统一的国家》，《学习与思考》1984年第4期。
[2] 罗米拉·塔帕尔语，转引自陈洪进：《罗米拉·塔帕尔的史学思想》，《南亚研究》1981年第2期。

家的构建而处于政治涣散、国家分裂的状态。"① 印度"这一人类巨大的集合体是由不同的人种所组成,它分裂成为无数的种姓,信仰多种宗教,操大约 200 种不同的语言和方言"。② 南亚次大陆堪称"世界人种博物馆",从外貌上看,有的印度人像欧洲的白种人,有的又似非洲黑种人,也有的似黄皮肤的亚洲人。从经济关系上看,印度的王权、政权、地权、税权都处于一种分散状态,广大的农村长期处于一种带有农村公社残余的自然经济状态中,各个土邦实际上都是相对独立的分散经济体。南亚次大陆历史上到底有多少邦已无从考证,但是现在的印度总共有 20 个邦,这些邦的族群构成不一致,文化崇尚各不相同,对国家和自身历史的认识也各具特色。

　　经过长期的殖民统治和印度建国后的整合,这些邦仍旧保留着鲜明的历史特征。今天印度最核心的地区,也存在着极大的差异。如经济最发达的马哈拉施特拉邦(印度最大城市孟买所在的邦)等地,普遍使用的语言是马哈拉蒂语,与印度主流的印地语并不相同,在文化风俗和经济生产方面也与印度大多数地区差异极大;主要使用印地语的地区,如北方邦,是印度人口最多的邦,印度教占绝对统治地位,但同时也是印度贫困人口数量最大的邦;主要使用印地语、信仰印度教的中央邦,经济状况甚至比北方邦更差;只有包含首都新德里及周边地带的哈利亚纳邦,经济状况比较好。文化差异更是非常巨大,即便是哈里亚纳邦这样的核心地区,也居住着多个具有鲜明的文化传统的民族,包括查特族、拉吉普特族、阿黑尔族、古贾尔族等。这些所谓的民族名都只是一个界限模糊的名称,实际上内部还非常复杂,如阿黑尔族只是外来者对传统从事畜牧业的人群的称呼,实际上还有三个分支,包括兰德族、叶

---

①　华亚溪:《婆罗门教对古代印度中央集权国家构建的阻碍作用》,《重庆交通大学学报(社会科学版)》2016 年第 6 期。
②　[印] R·C. 马宗达、[印] H·C. 赖乔杜里、[印] 卡利金卡尔·达塔著,张澍林等译:《高级印度史》,商务印书馆 1986 年版,第 13 页。

督族和戈瓦尔族。①

南印度的广大地区，由于在殖民者到来之前长期未与北印度统一过，更是与北部主要区域差异巨大。如拥有印度第三大城市马德拉斯的南印度大邦泰米尔纳德邦，和北方印度主体在各方面有很大差异，使用的语言是达罗毗荼语系的泰米尔语，与印欧语系的印地语归属于完全不同的语言体系。实际上，泰米尔纳德邦的邦名，就是以语言来划定的。当地的主要民族是达罗毗荼人，最重要的分支又被称为泰米尔人。泰米尔人在体貌特征上也与主流的印度人明显不同，一般个子瘦小，肤色为黑色，头发稀少卷曲，前额宽阔扁平，眉毛浓密呈半月形，鬓角下陷，眼睛灰褐色，单眼皮，鼻梁直而圆，鼻翼宽厚。② 由于种族和文化与主流印度社会截然不同，历史上也从未与古印度统一过，因而泰米尔纳德邦的独立倾向很明显。在印度独立前的1937年，这个地区曾经出现过著名的"达罗毗荼运动"，抗议在学校将印地语作为必修课，称这是"对泰米尔人的征服"。印巴分立之际，泰米尔民族主义政治家E. V. 拉马斯瓦米·奈克尔支持巴基斯坦的诉求，试图以巴基斯坦的方式建立"达罗毗荼斯坦/达罗毗荼纳德"国。这一计划虽然最后没有成功，但是该地区与印度主流社会的文化隔阂，却是数千年的历史遗留下的，很难通过短时间的文化整合加以弥合。

比南印度泰米尔纳德邦离心倾向更明显的，是印度东北部七邦。这七个邦的离心倾向，也有着较为复杂的历史原因。印度东北部区域在历史上没有被印度主体民族长期控制过，其传统的经济生产方式也与印度主流不同。这一地区居住着许多部落，不同部落构成一些拥有共同认同的族群，这些族群甚至都无法用民族这样的范畴来统摄。这些族群长期

---

① 刘国楠、王树英著：《印度各邦历史文化》，中国社会科学出版社1982年版，第294—300页。

② 刘国楠、王树英著：《印度各邦历史文化》，中国社会科学出版社1982年版，第189页。

以来纷争不断，而东北七邦的割裂程度也远远比其他邦更甚。各邦内部并没有什么统一的民族意识，也不像锡克教少数群体、穆斯林等有共同的宗教认同，而且各个族群内部互相排斥争斗，对印度政府也怀有相当的敌意。这里号称"人种博物馆"，有格恰利人、阿豪马人、米西密人、拉帕人、迈吉人、米利人、腊龙格人、迦罗人、库格人、阿奥那加人、恩迦米人、加坑桑人、姜人、坑蒙人、高尼耶格人、洛塔人、佛穆人、金格炯格尔人、杰里扬人等数十种。此外，还有不少混合种人，有的是外来的人种，有的是混血后产生的。当地人群的语言很不统一，多数没有文字，部分东北部的那加人在长相上和东亚人更接近，语言也属于汉藏语系。印度东北诸邦语言文化的复杂性，与当地的山地环境密切相关，也与这些地区历史上和印度主体民族并无深入的经济文化交流有关。

在古印度漫长的历史进程中，实际上没有出现过任何一个国家使用"印度"作为自己的国名。"印度"这个名称并不是自称，而是来自于其他地区的他称。事实上，古印度地区的他称也非常多，而且多数称呼的内涵外延都不明确、争议颇多。王树英指出，"印度曾有过很多国名，对同一名称的来历，也众说纷纭、莫衷一是"。① 当然，自称也并不是完全没有，一般认为帕德累、"很毒斯坦"等就是印度人对自己所居住的地方的称呼。② 相比较而言，他称则要复杂得多。根据邓兵的统计，仅在中国古代汉语中，对印度地区的称呼就有"天竺"、"身毒"、"贤豆"、"欣都"（或欣都思）、"捐毒"、"申毒"、"天笃"、"乾毒"、"身豆"、"天豆"、"哂度"等，西方尤其是欧洲对印度地区的称呼则有

---

① 王树英：《印度》，当代世界出版社1998年版，第10页。
② 不过，也有学者对此表示怀疑。王树英就认为，印度河古代梵文词名叫"信突"（sindhu）河，又因古代伊朗人把字母"斯"（s）的发音读成"合"（h）音，即读成"很毒"（hindu）河，这样一来，住在该河流域的人就被叫成"很毒"。"斯坦"是地区的意思，合起来即为"很毒斯坦"，意即很毒人居住的地方。他认为这就是印度又一名称"很毒斯坦"的由来。参见王树英：《走近印度》，中国社会出版社2010年版，第10页。

"因陀罗婆陀那"、"因特罗"、"阿离耶提舍"、"末睇提舍"、"婆罗门国"、"阎浮提"、"南赡部洲"、"五天竺"等。① 可以说，古代印度充其量是外部世界对这个神秘地区的一种独特的称呼，而并非一种对印度社会本身的实际状况的表达。古代印度因长期处于分散状态而产生的历史基因，成为印度独立后建立和发展统一的国家认同的重要阻碍。

独特的历史环境使得古印度成为一个孤立的区域，但同时古印度又是一个开放的世界。在漫长的历史时期，它不断受到外来文化的影响，从雅利安人作为外来者进入印度开始，希腊文化、伊斯兰文化及后来的欧美文化都随着外来者的进入而对这里产生了重要的影响。同时，印度古老而又灿烂的文明直接或者间接地对世界其他地区产生了深刻的影响，形成一种独特的印度文化圈。印度"能够接受和发扬外国文化，并能提高一些原始种族的文化和文明的水平"。② 印度某些地区可能处于一种相对孤立的状态，但印度文化从来就不是孤立存在的，而是与不同的文化相互联系在一起的。各种文化在印度这片土地上冲突和交融，导致印度文化的极端复杂性，并由此产生了很多极端复杂的问题，如宗教问题、民族问题等。当然，在各种复杂文化的相互作用下，印度文化必定是多元的，很难形成单一的共同意识，从而使得印度人民对国家的归属感也具有多元性的特点。

不过，虽然古代印度在政治上从来没有统一过，也没有形成现代意义上的国家认同，但是小范围内的统一和交流还是促使印度形成和发展了一定集团内部的宗教认同、种姓认同甚至地域认同。一定范围内的统一都是由某些局部统一通过一种同心圆式的扩展而形成的。"印度教习俗在印度境内不同宗教信仰者的乡村生活中仍然是一个不可忽略的因素。同样，伊斯兰教也以它的社会民主和帝制的观念在整个中世纪保持

---

① 邓兵：《印度国名考略》，《南亚研究》1999年第2期。
② ［印］R·C. 马宗达、［印］H·C. 赖乔杜里、［印］卡利金卡尔·达塔著，张澍林等译：《高级印度史》，商务印书馆1986年版，第236页。

着一种泛印度国家的理想,从而在抵制种姓的分裂趋势和阻遏印度政治中的离心力方面起了很大作用"。① 与此同时,古代印度各邦、各地区、各种姓、各宗教群体等能很好地共存于南亚次大陆这块土地上,并产生了独特的"实在唯一,圣者异名"②的印度文化,而这种文化的包容性又反过来影响了印度独特的国家认同,更成为印度独立后建立和发展统一的国家认同的重要动力。

第二节 种姓制度下古印度社会的身份维系

与一般的国家不同,在古代印度社会中,国家的存在感并不强。维系社会秩序的核心力量并不是国家等暴力机构,而是种姓制度这种根深蒂固的社会等级制度。古印度种姓制度的历史非常久远。从目前的资料来看,古印度至少在公元前1500年就已经存在种姓制度。如果以中国的历史作为参照的话,那么大约在殷商时代的早期,印度的种姓制度就已经出现了。

有关古印度种姓制度的记载,在印度最早的经典史诗《梨俱吠陀》中就已经出现。按照《梨俱吠陀》的说法,种姓制度中之所以存在各等级的区分,是因为古印度的最高神梵天创造人的部位不同,从而形成不可逾越的等级。在这个神学理论体系中,高等级的婆罗门(Brahmin)和刹帝利(Kshatriya)是梵天用嘴和手创造出来的,低等级的吠舍(Vaishya)和首陀罗(Shudra)是梵天用腿和脚创造的。因为有神性的存在,故而种姓之间的地位不可改变。种姓制度在古代印度根深蒂固,但也有其独特的发展过程。林承节先生将古代印度的种姓制度划分为两

---

① [印] R·C. 马宗达、[印] H·C. 赖乔杜里、[印] 卡利金卡尔·达塔著,张澍林等译:《高级印度史》,商务印书馆1986年版,第15页。

② 邱永辉:《印度宗教多元文化》,社会科学文献出版社2009年版,第11页。

个有区别的发展阶段，第一阶段是瓦尔那制，以后又在它的基础上发展为阇提制。① 学界普遍认为，印度种姓制度的产生与发展，与雅利安人入侵印度有关。大约从公元前15世纪开始，源出中亚的雅利安人游牧部落陆续入侵印度，并在次大陆建立国家。作为入侵者，雅利安人与原住民在文化崇尚和社会结构方面均存在相当大的差异，所以为了便于统治，在区分社会阶级之外还有区分种族的需求。正因如此，林承节先生指出，雅利安人所建立的瓦尔那制，其各个等级的形成"不但与社会分工有关，且与种族压迫联系在一起"。② 显然，种姓制度的最初形成就与对"他者"的区分密切相关。尤其有特色的是，这种区分不仅体现在宗教信仰或文化崇尚的层面，还深入到社会的各个层面，包括阶级结构、社会地位乃至职业区分等。这种区分世代承袭，几乎从未被打破。正因如此，瓦尔那制度背后入侵者与原住民旧有的社会认同不但未被消解，反而在一种壁垒森严的社会制度下被强化。

瓦尔那制度形成以后，也处于不断的发展变化中。阇提制的出现就是典型。在等级划分的层面，阇提制比瓦尔那制要复杂得多。但它没有消解瓦尔那制，反而强化了这种等级制度。在阇提制下，瓦尔那制的四种姓划分仍是区分人群的基础和坐标。这种制度保持了瓦尔那制的基本框架，所划分的社会制度也是等级化的，不过具体的区分要比瓦尔那制更为具体且复杂。根据林承节的总结，阇提制与瓦尔那制的不同之处表现在四个方面：（1）瓦尔那制是体现宗教地位和社会地位的等级，阇提制则是体现这种等级的职业集团；（2）瓦尔那制是全国性的，阇提制则范围很小；（3）瓦尔那制讲究出身，但并不是太严格（除首陀罗外），阇提制则强调决定一切的是出身；（4）瓦尔那制在婚姻、饮食方面的限制较宽，阇提制实行集团内婚，使这种限制严格得多。③ 从林承节的总

---

① 林承节：《印度史》，人民出版社2004年版，第24页。
② 林承节：《印度古代史纲》，光明日报出版社2000年版，第51页。
③ 林承节：《印度史》，人民出版社2004年版，第54—55页。

结可以看出，在种姓制度的发展过程中，原来的社会层级区分不是被打破了，而是被日益强化了。这也就使得印度境内的小国之间通过种姓制度勾连起来，而种姓之间的区隔要远远大于邦国之间的区隔。种姓内部建立起来的认同，也会随着婚姻、饮食的情况而更加强化。由此看来，种姓制度的影响要远远大于国家或其他社会制度的影响。

玄奘在其名著《大唐西域记》中，从观察者的角度对古印度的种姓制度有了较为清晰的记载。这份记载也是关于种姓制度比较权威的一手资料：

> 若夫族姓殊者，有四流焉：一曰婆罗门，净行也，守道居贞，洁白其操。二曰刹帝利，王种也，（旧曰刹利，略也。）奕世君临，仁恕为志。三曰吠奢，（旧曰毗舍，讹也。）商贾也，贸迁有无，逐利远近。四曰戍陀罗，（旧曰首陀，讹也。）农人也，肆力畴陇，勤身稼穑。凡兹四姓，清浊殊流，婚娶通亲，飞伏异路，内外宗枝，姻媾不杂。妇人一嫁，终无再醮。自余杂姓，实繁种族，各随类聚，难以详载。①

这里的"族姓"就是后世翻译的"种姓"。玄奘关于古印度婆罗门、刹帝利、吠奢（即吠舍）、戍陀罗（即首陀罗）四大种姓的记载，反映了距今约1400年前的真实情况。在玄奘的表述中，四大种姓世世代代严守各自的职业，不相混杂。所谓"清浊殊流，婚娶通亲，飞伏异路，内外宗枝，姻媾不杂"，反映的正是种姓制度下各个种姓之间严格的等级秩序。在玄奘看来，"妇人一嫁，终无再醮"的制度也是种姓制度的独特之处。这与唐代的情况确实有明显的不同。这种制度下的女性只能从一而终，如果不幸成为寡妇，很有可能境遇会非常悲惨。玄奘的

---

① ［唐］玄奘著，［唐］辩机记录，范祥雍校：《大唐西域记汇校》，上海古籍出版社2011年版，第91—92页。

描述显示出种姓制度的另一面，也就是妇女地位不高的情况。

作为一种被宗教神圣化了的社会等级制度，种姓制度建立在自然经济和社会发展的慢节奏的基础上，并由视不平等为天经地义的政治统治体制加以保护。① 数千年来，种姓制度虽然受到无数次外来入侵者的冲击，但是仍然得到强化，在印度社会根深蒂固。

数千年来，即便是号称统一过印度的帝国，其实多数也是昙花一现的国家，所谓的统一亦是极其松散、范围有限的统一。之所以会出现这种情况，虽然有其复杂的原因，但有一个背景因素不可忽视，那就是种姓制度极大地削弱了国家的凝聚力，这种社会结构对建立和维持统一的帝国是极为不利的。种姓制度将人划分为狭隘的职业群体，各个小群体之间界限分明、各司其职，连基本的沟通都很难，更不会对国家形成凝聚力。以13—16世纪统治印度的德里苏丹国为例，当信仰伊斯兰教的突厥人越过印度西北部的山口入侵印度北部时，印度本土正处于诸侯林立的时代，诸多小国之间经常发生战争，根本无法组织起有效的抵抗，一盘散沙的印度诸国一击即溃，德里苏丹国迅速占领了印度。其迅速崩溃的原因就是种姓制度下的印度诸邦国过于松散。根据种姓制度的规定，只有占总人口少数的刹帝利才能当兵，而广大的吠舍、首陀罗以及贱民根本没有资格充当士兵参与作战。毫无疑问，这就相当于在外敌面前自动解除了武装。除此之外，上层的婆罗门与刹帝利种姓也有严格的区分，他们经常为了权力和利益而相互竞争，无休止的内耗让他们无法团结起来；吠舍长期被排除在统治阶级之外，缺乏对国家的认同，完全没有抵抗外敌的能力和热情；首陀罗与贱民更是长期受到压迫的社会阶层，不可能拿起武器来抵抗外敌。在这样的社会结构下，一旦上层的贵族势力被击败，本就一盘散沙的印度教国家也就迅速崩溃了。

种姓制度决定了古印度社会关系的基本结构，而且这种结构异常牢

---

① 林承节：《印度古代史纲》，光明日报出版社2000年版，第370页。

固。在殖民主义者到来前的数千年里，外来者能够轻易击溃印度教国家，但却很难撼动印度的种姓制度。外来者在统治印度时，无一例外都需要接受并适应种姓制度的框架。入侵者在进入印度之初当然不会主动采纳种姓制度，但是他们很快就会发现，以武力征服印度教国家很容易，但是改变印度的社会制度却很难。其社会经济体系的运行、社会基层管理制度都基于种姓制度。不通过种姓制度，政府的政令不可能传播到基层社会，也不可能对居民征税。然而，外来者融入种姓制度并不容易，因为这意味着要理解整个印度教文化体系，把上层阶级变成刹帝利，把下层阶级变成吠舍或首陀罗，也就是说要完成一个正式的、精神上的民族融合。从那时起，外国侵略者才被纳入印度的国家体系。与此同时，他们还必须信奉印度教，遵从印度风俗，因为他们知道没有宗教，自己就无法生活和统治。

随着时间的推移，外来者很快会发现种姓制度的优势。这种制度束缚了下层阶级的精神和肉体，使他们即使过着悲惨的生活，也不能抗拒自己的身份。同样，种姓制度能有效阻止印度人团结起来反对外部世界，并使他们保持在四种姓之一。种姓制度造成的社会分层，让印度社会很容易被控制。外来统治者也可以通过贿赂婆罗门来确保自身进入刹帝利种姓，这有助于他们融入当地贵族。这样，征服者就可以在宗教、文化、风俗习惯等方面融入当地族群，获得相应的社会地位。经过几代人的繁衍，即使是后来的历史学家也无法考证他们的祖先是外来者还是当地人了。事实上，在相同的文化认同背后，祖先的血缘已经不再重要了。社会地位较低的外来者也融入当地的吠舍、首陀罗甚至是贱民群体，并与原有的同种姓人群难以区分。当然，掌控国家权力的统治者刹帝利在印度人的意识中并不处于社会最顶层，外来的统治者甚至经常被视为"不纯洁的刹帝利"，被其他婆罗门和刹帝利所鄙视。这样既不利于统治者建立对权力的绝对掌控，也不利于形成组织严密的暴力组织。从印度的历史来看，外来者进入印度以后建立的国家，几乎从来没有过高度集权的帝国。在入侵者的军事组织渐渐废弛以后,这些国家的统治机构也变得像入侵者到来之前那样松散无力。社会各阶层也是各司其职,世代承袭着根深蒂固的种姓界限,国家的存在感越来越弱。这就是印度的种姓制度下,种姓认同超越族群认同的根源之所在。

需要提及的是,种姓制度源出印度教,也与印度的宗教信仰密切相关。这个社会制度不仅与从事的职业和社会阶层相关,也与宗教教义密切结合。宗教信仰影响下的种姓制度,不仅超越了各个层级的国家政权,而且不能简单地以经济形态与生产方式加以概括。在古代的印度社会,社会阶层的区分更具宗教色彩,人们的自我认识也与宗教信仰密切相关。

第三节　印度教、佛教与伊斯兰教:构建印度社会联系的基石

与种姓制度有密切的渊源且与之共同发展的是印度的宗教。在这里,宗教是维系印度社会关系,构建社会联系的另外一个因素。"自古以来,印度就是一个笃信宗教的国度,因此宗教信仰和文化在印度民族性格的形成中起了极为重要的作用。"① 印度文明的发展主线始终是围绕宗教行进的,从印度教文明到伊斯兰教文明,再到近代以来小资产阶级知识分子的宗教改革运动及印巴分治等,都证明了宗教在印度政治经济社会中具有不可替代的地位。可以毫不夸张地说,在印度,宗教对国家和绝大部分人的生活起着决定性作用。长期以来,印度并未形成政教合一的国家体制,但宗教在国家中的强势地位却根深蒂固。古印度松散的国家体系并不能有力地干预宗教生活。相反,作为国家统治阶层的刹

---

① 朱明忠:《宗教与印度的民族性格》,《世界宗教文化》2005 年第 2 期。

帝利，必须通过贿赂宗教阶层来维持征税等基本权力。在古代印度人的认知体系中，与宗教信仰相比，国家的意义要弱得多。

自古以来，印度的宗教情况都极为复杂，不同的族群、种姓可能会有不同的宗教信仰。直到近代，号称"宗教博物馆"的印度仍处于"处处有神庙，村村有神池"的状况，宗教集团众多。宋丽萍以宗教起源为标准，将印度宗教集团分为四类："第一类是起源于印度本土的宗教多数派：印度教。第二类是起源于本土、属于印度教改革派的宗教少数派：耆那教、佛教和锡克教。第三类是来源于外部的移民宗教：犹太教、袄教。第四类是来自征服者和殖民主义者的宗教：伊斯兰教和基督教。"[1] 在这些宗教中，尤以印度教的信仰者人数最多。印度绝大部分人信奉印度教，截至20世纪末，大约有80%以上的印度国民信奉印度教，而信奉伊斯兰教、锡克教、佛教、耆那教等宗教的人数只占总人口的15%左右。[2] 印度教本身也异常复杂，结合了多种宗教的教义，且分成不同的教派。马克思曾这样描述印度教的复杂性："这个宗教既是纵欲享乐的宗教，又是自我折磨的禁欲主义的宗教；既是林加崇拜的宗教，又是佳格纳特的宗教；既是和尚的宗教，又是舞女的宗教。"[3]

"印度教"（Hinduism）这个词不是印度本土宗教的原有术语，而是外来者所给予的称谓。在印度本土的所有宗教经典中，印度教这个词都没有出现过，甚至连"Hindu"一词也是"Sindhu"的讹译。这个词本是希腊人从波斯人那里借用而来的，后来西方国家用以指称这个被命名为"印度"的地方。之后，处于印度周边的穆斯林群体，由于其语音体系中不能表达"Sindhu"一词中"S"的发音，才转译为"Hin-

---

[1] 宋丽萍：《宗教与印度国家整合》，《唐都学刊》2006年第5期。
[2] 吴永年、季平著：《当代印度宗教研究》，上海外语教育出版社1998年版，第39页。
[3] 马克思：《不列颠在印度的统治》，《马克思恩格斯文集》（第2卷），人民出版社2009年版，第677—678页。

du"。① 此后，印度教被用来指称生活在印度河与恒河流域的人们所信仰的宗教，此时这个他称才正式出现。因此，印度教实际上只是当地人所有信仰的集合，与基督教、伊斯兰教等组织严密的宗教信仰有很大的不同。

印度教被认为是世界上历史最悠久的宗教之一。② 印度教有一个相对复杂的体系，其并不以某位教主创立的思想体系作为依归，也不崇拜某种单一的神。印度教广泛吸收婆罗门教、佛教和耆那教的教义，包含各类民间信仰、社会习俗乃至社会制度、哲学思想、艺术体系，是在长期发展过程中形成的综合产物。从渊源来说，印度教的最初起源可以追溯到印度河流域的古代文明以及雅利安人所信奉的吠陀教。③ 目前学界对于吠陀教的历史尚有很多争议，但基本上认为其是一种兴起于雅利安人统治时期的原始宗教。吠陀教信奉梵天、毗湿奴、湿婆三大神，主要有三大纲领，分别是吠陀天启、祭祀万能及婆罗门至上。④ 吠陀教的主要教义来源于四大吠陀，即《梨俱吠陀》（Rig Veda）、《耶柔吠陀》（Yajur Veda）、《娑摩吠陀》（Sama Veda）和《阿达婆吠陀》（Atharva Veda），⑤ 构成雅利安人所信仰的宗教经典。四大吠陀的教义规定了后世印度教的主要行为规范，制定了以婆罗门为最高等级的种姓制度的基本原则。经过一段时期的发展，相对原始的吠陀教逐渐发展成婆罗门教（Brahmanism），国内有学者将种姓制度的最终确立作为婆罗门教成立的标志。⑥ 公元8—9世纪，在吸收了佛教和耆那教的某些教义，并融

---

① ［美］弗朗西斯·X.克卢尼著，叶济源译：《印度智慧·译后记》，浙江大学出版社2008年版，第154—155页。
② Klostermaier, Klaus K., *A Survey of Hinduism (3rd ed.)*, SUNY Press, 2007, p. 1.
③ Hiltebeitel, Alf, "Hinduism", in Joseph Kitagawa (ed.), *The Religious Traditions of Asia: Religion, History, and Culture*, Routledge, 2007, p. 12.
④ 王树英：《中印文化交流》，中国社会出版社2014年版，第9页。
⑤ 按，四大吠陀目前还没有完整的中译本，著名印度学家金克木和巫白慧先生有节译本。
⑥ 欧东明：《印度教与印度种姓制度》，《南亚研究季刊》2004年第4期。

合了某些印度的民间信仰后,经商羯罗改革,婆罗门教逐渐发展成印度教。① 李伯重指出,从本质上说,印度教与婆罗门教没有根本性的区别,其教义基本相同,都信奉梵天、毗湿奴、湿婆三大神,主张善恶有报,人生轮回,轮回的形态取决于现世的行为,只有达到"梵我同一",方可获得解脱,修成正果。因此,印度教也被称为"新婆罗门教",或者被笼统地称为"婆罗门/印度教"。②

印度教徒崇拜的神灵非常多,但最重要的神只有如下数种:最高神克里希纳(Krishna)和他的延伸神罗摩(Rama),创造之神梵天(Brahma),毁灭之神湿婆神(Shiva),以及维护之神毗湿奴(Vishnu)。印度教坚定持轮回转世说,认为人们一生中所产生的业决定了善良的人死后灵魂能够转世成更高等的人,而邪恶的人死后会转世成低等的人,甚至变成动物。美国学者罗兹·墨菲总结说,印度教中"特殊的虔诚、默想、禁欲和对永恒真理的理解,可避免转世的生命轮回而达成与神或天地万物重聚的极乐"。③ 印度教提倡通过禁欲和苦行来净化灵魂。正是转世的信念强化了印度教尊重一切生命的行为规范。他们提倡非暴力精神,禁止杀生,即使是蚂蚁也不能被践踏。印度教徒一般是素食主义者,所有人都要特别避免食用牛肉,最保守的印度教徒甚至连鸡蛋也不吃。印度教遵循严格的种姓制度,教义中也有很多特殊的观念,例如重男轻女、寡妇不能再婚、已婚妇女不能出现在公共场合、禁止重婚等。

与基督教或犹太教、伊斯兰教及其衍生宗教不同,印度教从未规定过统一的礼拜仪式。虔诚的印度教徒可以每天在家庭的简陋祭坛前背诵经文,进行祈祷。印度教没有固定的仪式,没有固定的神职人员或神职人员的任命,也没有特殊的宗教节日,如基督教星期日、犹太安息日或

---

① 龙昌黄:《印度文明》,吉林美术出版社2012年版,第113页。
② 李伯重:《火枪与账簿:早期经济全球化时代的中国与东亚世界》,生活·读书·新知三联书店2017年版,第172—173页。
③ [美]罗兹·墨菲著,黄磷译:《亚洲史》,三环出版社、海南出版社2004年版,第25页。

穆斯林的祈祷日。不过，印度教的节日也有很多，比如秋季的排灯节和春季的好利节，只是大多数节日的文化色彩浓郁而宗教色彩相对较淡。在宗教仪式上，以修习梵文为主的专职僧侣、经典叙事诗的朗诵者都属于最高的婆罗门阶层。婆罗门也是葬礼、婚礼、成人仪式等宗教礼仪的唯一执行者。

印度这片古老的土地上还产生过一种古老的宗教——佛教。一般认为，佛教产生于公元前5世纪的古印度，创始人名叫乔达摩·悉达多，又被称作释迦牟尼（Sākyamuni），"释迦"是出身部族的名称，有"能""勇"的涵义，"牟尼"即"圣人"之意。① 释迦牟尼死后被尊称为"佛陀"，意为觉悟者，简称"佛"，其所传宗教被称为"佛教"。释迦牟尼创立佛教后，由于他的思想体系较为完善，他的弟子们继续向佛教徒宣扬教义，佛教很快在印度得以广泛传播，人们对释迦牟尼佛的信仰越来越虔诚，佛教也在当时的交通条件下迅速传出印度，影响了中国等东亚、东南亚的广大地区。不过，在佛陀死后数百年，佛教却在印度逐渐式微。到了13世纪，佛教基本上在印度消失。② 不论佛教曾经如何兴盛，但其终究因无法抗拒历史发展的节奏而寂灭。尽管如此，佛教的教义仍对印度文化产生了影响，事实上佛教已经被印度教融合进自己的文化中。后世印度教称佛教为印度教的分支，虽然佛教从不承认，但二者相互影响，共同融铸了古代的印度文化，影响及于今日。

2000多年以后，佛教在印度的影响力已经非常微小，这是在长期的历史过程中自然竞争的结果。但是，两者之间并没有发生大规模的教派冲突。佛教在与婆罗门教的竞争中处于劣势，其主要原因还在于佛教本身。佛教在发展过程中越来越程式化，远离了群众基础。而婆罗门教

---

① 季羡林：《论释迦牟尼》，《季羡林学术著作选集·印度历史与文化》，新世界出版社2017年版，第101—116页。
② 李伯重：《火枪与账簿：早期经济全球化时代的中国与东亚世界》，生活·读书·新知三联书店2017年版，第174页。

现在，严格遵守"五K"规定的锡克教徒在身体方面与其他人群仍有明显的区别，这也是塑造宗教认同的重要方式。比如，锡克教徒为强化与传统苦行僧的区分，在教义中规定了梳理头发的次数和时间，以及标志性的头巾包裹长发的方法。

当然，除了改造身体，被严格遵守的教义和特殊的宗教行为有时也能成为区分自我与"他者"的标记。在这方面，耆那教徒就是非常好的例证。耆那教有极为严格的教义，一大特点就是极端的非暴力（a-himsa），主张"放火者杀害生灵，灭火者杀害火焰"，反对任何杀生的行为。据信奉耆那教的加拿大籍印度学者吉檀迦利·科拉纳德的描述，"耆那教徒一定都是素食者，但是严格的耆那教徒甚至不吃有根植物，因为收割时会伤害甲虫和蚯蚓。他们也不吃酸奶，因为这样会吃掉发酵牛奶的细菌。耆那教徒不穿戴、不使用皮革制品，也不从事农业或者建筑业，因为挖土会伤害很多小生灵。他们不说粗话，不伤人自尊，因为这些是言语的暴力"。耆那教中的白衣派"要用纱帘盖住嘴巴，防止小虫不慎飞入；在清扫时也要先扫脚前的地方，防止不慎踩踏昆虫"。①

综上所述，印度地区很早就产生了灿烂的文明，但印度文明从来不是伴随着强大的国家而发展起来的。要讨论印度的国家认同，我们不得不先讨论这里的社会制度与宗教信仰。这两个相互关联的因素实际上构成古代印度相较于世界上其他国家而言最为独特的地方，也是印度国族构建中与众不同的历史基因。古印度松散的邦国形态并不具备建构强大的国家政权的基础。数千年来，印度并没有自生出强烈的国家意识与民族认同。宗教信仰乃至于种姓认同在古代印度人的心中根深蒂固，以至于很多古代的印度人可能都没有意识到国家的存在。印度历史上建立过许多国家，但是国家往往必须依傍婆罗门而维持统治，以至于君主也只能通过贿赂婆罗门来获取较高的种姓。殖民者进入之前的德里苏丹国与

---

① ［加］吉檀迦利·科拉纳德著，张文渊译：《印度：文化震撼之旅》，旅游教育出版社2009年版，第31—32页。

莫卧儿帝国都信奉伊斯兰教，这虽然在某种程度上改变了印度的国家结构形式，但对于人口占绝对多数的印度教徒来说，它们并不是一个值得寄托国家情怀的对象。或者可以说，国家情怀本身就从来没有在古印度人的心中占据过重要位置。

从历史因素来看待现代印度的国族认同，很容易看到传统文化的基因对于印度的影响。由于长期处于一种松散的状态，古代印度并未产生明确的国家意识。印度近代国家意识的建立，必须借助殖民者这样的他者而发现差异性，同时还必须从宗教信仰这样的文化传统中去寻求依据。在英国殖民的冲击之下产生的国族意识，由于没有与深厚的历史文化传统相结合，只能通过宗教信仰和教派区别来构建国家特征和民族标识。这种建构对于反击殖民者的斗争是非常有利的，同时也深化了本就源远流长的宗教隔阂，为日后的教派冲突甚至印巴分立种下了恶的种子。宗教区隔对国家意识的过度渗透，也让印度的国族建构步履维艰。之所以会出现这种情况，还必须从印度悠久的历史传统中去找寻深层次原因。

第二章 "他者"的侵入：英国殖民统治与印度国家身份

认同之所以会产生，其前提条件在于与他者之间的交往，并从交往中发现自我与他者的不同，以使与自己所属的群体区分建立自我的归属感。国家身份永远不是孤立存在的，总是与特定的国民群体对自身所处的国家或民族的利益感知、理想追求、信仰归属相生相伴，并将群体的共同认同加以糅合，进而成为整体的国家意识。对于印度这样的国家而言，其国家意识的形成其实是不自觉的——不但伴随着殖民者的进入以及自身被纳入世界资本主义市场，而且与民族独立运动联系在一起。在这个过程中，印度国家从简单地识别"他者"到确立"我者"的边界与外延，自觉地为所在的民族以及未来的国家奋斗。殖民者进入印度，也正是印度国家认同意义上"我者"与"他者"区分的开始。印度的国家意识则是在长期的与"他者"的斗争中衍生的。本章讨论的核心问题是，殖民者作为"他者"，是如何在殖民统治这种不对等的互动中塑造了"印度"的国族认同的。

第一节 殖民者的侵入与印度社会的变化

历史上的印度并不是一个统一的国度，确切地说，是近代英国人的殖民侵略完成了全印度的统一。外来的殖民者并不是有意促成印度的统一的,他们通过军事占领将全部疆域组合成一个整体,殖民掠夺也在客观上推进了印度民族意识的产生。对英国人而言,南亚次大陆地区作为一整块殖民地,被称作"英属印度",其范围远比今天的印度要大。殖民者作为"他者"而成为印度的统治者后,也用一种特殊的方式开始了"制造印度"的历史过程,形塑了印度人的国家认同与民族意识。

1498年,瓦斯科·达·伽马率领的葡萄牙航海队绕过非洲好望角到达印度的西南海岸。三年后,葡萄牙人在卡利卡特、柯钦、坎南诺尔建立了第一批殖民贸易点。此后,荷兰人、丹麦人、英国人和法国人相继来到印度,对印度展开了大规模的殖民侵略活动。从16—17世纪开始,西班牙、葡萄牙等开始在印度地区建立最早的殖民地,随后英国在印度建立东印度公司,进行了长达数个世纪的殖民统治。以1757年发生的普拉西战役为起点,至1849年旁遮普被最终征服为止,英国殖民者用接近100年的时间完成了对印度的占领。这片殖民地最初并非英国的直接领地,而是由东印度公司代理控制的。到1857年,殖民者正式将印度这片区域命名为"东印度公司领地"(Company Raj)。自此,印度开始有了自己的行政专属名称。

"1600年建立的东印度公司,是英国侵略印度的主要工具。英国国王授予东印度公司以垄断贸易、拥有武器、宣战媾和、设立法庭审判本国职员和属地居民等特权。"[1]印度在殖民统治过程中遭受的种种不幸和灾难,"英国对印度长达200多年的殖民统治,给印度人民带来了深重灾难"。[2]尼赫鲁就曾指出:"印度是一个被奴役的国家,受到远方的外国人的统治,它那种伟大的力量受到压制,不敢自由呼吸;它的人民贫困得无以复加,寿命短促而且不能抵抗疾病和疫疠;文盲普遍存在;广大地区缺乏一切卫生医疗设备;在中产阶级和一般群众中,失业现象

---

[1] 周南京等编著:《外国历史常识》(近代部分),中国青年出版社1980年版,第131页。

[2] 陈玉刚主编:《国际秩序与国际秩序观》,上海人民出版社2014年版,第189页。

达到惊人的程度。"① 殖民统治也锻造了印度人民对自身、对印度这个国家的基本看法，塑造了他们独特的国民心态。1857年的印度反抗英国殖民统治、争取民族独立的大起义运动就是印度人国民意识觉醒的标志。事实上，民族大起义之后的印度仍旧没有形成统一的名号作为旗帜。不过，由于大起义的冲击，殖民者不得不改变统治方式。1858年，《改善印度管理法》通过，英属东印度公司被宣布取消，其代管印度的职权由印度事务大臣接管，统治权力移交给时任英国国王维多利亚女王。与此同时，以印度总督为首的印度政府正式宣告成立，行使管理印度的实际权力。早已无实际权力的莫卧儿王朝末代国王巴哈杜尔沙阿二世被流放到缅甸，名义上的莫卧儿王朝正式终结。此后，印度进入由英政府直接统治的时代，成为英属印度（British India），范围还包括今天的缅甸等地。至此，英属印度成为英女王名下的直属殖民地。1876年，英国将英属印度正式命名为印度帝国（Indian Empire），并以这一国名对外发放护照。次年，维多利亚女王正式加冕为印度女皇。此后，印度作为一个政治实体，终于成为英帝国治下国际体系中的一员。到印巴分立前，印度作为独立的政治实体，先后加入国际联盟和联合国，并成为这两个国际组织的初始会员国。在其他国际体系中也不例外，如印度曾以独立身份先后派代表团参加了1900年、1920年、1928年、1932年和1936年的奥运会。

　　印度正是在一种奇特的互动中完成了国家的建构。从东印度公司属地到印度帝国，印度在国际社会使用的名称都是殖民者命名的，独立之后略加改变便成为正式的国名。可以说，对于印度人民争取独立和发展的历史过程，英国殖民者总是被动地予以回应，在冲击与回应的同时，完成了对印度的命名，进而逐渐将印度纳入现代国际体系，虽然在这个过程中，印度还没有摆脱殖民地的身份。印度人民国家身份意识构建或

---

① ［印］贾瓦哈拉尔·尼赫鲁著，张宝芳译：《尼赫鲁自传》，世界知识社1956年版，第498页。

者重构的过程,也在这种奇特的互动中完成。正如冯韧在《印度独立以来的南亚政策研究》一书中所阐述的那样,"英国殖民者运用武力第一次使整个南亚次大陆统一在'印度'这个名字之下,使印度这一古老的名字具有了现代意义"。①

马克思指出:"不列颠人是第一批发展程度高于印度的征服者,因此印度的文明影响不了他们。他们破坏了本地的公社,摧毁了本地的工业,夷平了本地社会中伟大和突出的一切,从而消灭了印度的文明。"② 英国殖民者作为发展程度较高的外来者,对印度的发展产生了深远的影响。英国殖民者一厢情愿、自以为是地认为自己给南亚次大陆带来了现代科学和管理技术,带来了完全不同于次大陆原先愚昧和无知的现代文明,是南亚次大陆人民的"大救星"。英国殖民者来到印度,没有像以前的入侵者一样融合在印度文化的汪洋大海中,而是始终把印度当作一个被征服者和被统治者。马克思对印度就这么描述过:"我们通常所说的它的历史,不过是一个接着一个的征服者的历史,这些征服者就在这个一无抵抗、二无变化的社会的消极基础上建立了他们的帝国。"③ 印度也成为英帝国的一部分,长期被英国殖民者统治。英国殖民者按照自身的利益需要改造着印度的政治、经济、文化以及社会结构。在这一外来因素的刺激下,印度的国家身份认同也在英国有意无意的改造过程中萌发了。

英国对印度的统治,给印度带来了与过去任何一次征服所造成的完全不同的结果。印度在历史上曾多次被外来入侵者征服,但是每次征服的结果都只是在印度土地上建立起一个新的、显赫一时的庞大帝国,而对于社会基础却没有任何有力的触动,印度依然是那个古老的印度。不

---

① 冯韧:《印度独立以来的南亚政策研究》,四川大学出版社2015年版,第19页。
② 中共中央马克思恩格斯列宁斯大林著作编译局编:《马克思恩格斯选集》(第2卷),人民出版社1972年版,第70页。
③ 中共中央马克思恩格斯列宁斯大林著作编译局编:《马克思恩格斯选集》(第2卷),第69页。

仅如此，这些入侵者在文明发展程度上都低于印度，所以每次入侵征服的结果都是入侵者被古老的印度文明同化，进一步加强了印度社会的旧基础，而不可能给印度社会的发展带来新的进步因素。但是，由于英国的入侵和征服，结果就大大不同了，下文将分述之。

首先，英国殖民者最先在政治上实现了全印度的统一，政治实体的统一对统一的国家身份认同起着基础性作用。英国殖民者实现了在印度更加牢固和占地更广的政治统一，这是印度复兴的首要前提。英国殖民统治者到来之前，次大陆特殊的地理条件差异和经济上的闭塞使得次大陆的政治具有分散性与不统一性的特点，因此当地的人群也具有不同的经济利益、不同的文化素质，因而具有不同的政治意识和目标，[1] 也就具有不同的政治忠诚感和认同感。

欧洲人来到印度时，印度处于莫卧儿帝国统治之下。莫卧儿帝国实行的是国王专制、中央绝对集权的等级统治制度。虽然莫卧儿帝国的版图在鼎盛时期囊括了次大陆南端和马拉塔王国以外的整个印度次大陆，但是到了18世纪中期，南亚次大陆出现大量的独立王国和土邦，政治上处于四分五裂的局面。"当时不受中央政府控制的独立、半独立王公总共有500多个，而莫卧儿帝国只控制了德里、阿格拉附近的少量领土，印度作为一个统一国家的政治和能量已经消耗殆尽。"[2] "尽管莫卧儿帝国号称统治到1858年，但实际上18世纪早期奥朗则布去世后，莫卧儿帝国业已衰落，印度重新进入了一个四分五裂的时期。[3] 印度这种大量独立、半独立政治体互相割据的状态，正好为英国人提供了征服和统治的机会。

英国殖民者以武力实现了印度的统一，将整个南亚次大陆都置于英

---

[1] 陆梅：《从印度的变迁看英国殖民统治的双重历史使命》，《南通大学学报（社会科学版）》2005年6月。

[2] 包刚升著：《民主崩溃的政治学》，商务印书馆2014年版，第375页。

[3] Barbara D. Metcalf and Thomas R. Metcalf, *A Concise History of Modern India*, Cambridge: Cambridge University Press, 2006, pp. 1-55.

国的殖民统治之下，实现了次大陆在地理上和行政上的统一，使得整个次大陆不再是由各个不同的政治单位和归属于不同政治单位的人们组成的。与之相对应的是，"他者"的进入也让印度作为一个整体被纳入现代国际体系之中。英国历史学家爱德华·帕尔默·汤普森（E·P. Thompson）指出，英国人第一次正式使用"India"这一词，随后印度才成为正式的实体。① 英国的殖民统治者在掠夺南亚次大陆的自然资源、经济资源的同时，也使得次大陆的人民第一次形成一致的、统一的目标，即摆脱英国的殖民统治、获得独立，这一目标也第一次将次大陆的人民紧紧地联系在一起，使次大陆的人民第一次形成一个整体。② "英国的殖民统治把整个次大陆各国置于一个单一的行政统治下。"③ 统一的政治单位把不同种族和地区的人们整合在一起，客观上促使印度形成相对一致的自我认同。这是因为，此时印度人民的心目中才真正有了谁是"我们"、谁是"他们"的概念，而且"我们"与"他们"是不一样的，是有区别的，"我们"是不能被"他们"所统治的，为了摆脱"他们"对"我们"的统治，所有的"我们"必须联合起来反对"他们"。这种思想的萌芽和发展最终形成国民意识与国家认同。

不过，还有一个问题不容忽视，那就是殖民统治时期形成的印度统一是一种相对的统一。英国殖民者通过外力实现了全印度的统一，但同时又人为地将印度的分裂状态在一定程度上固定下来，保留了一个所谓的"土邦印度"，进行间接统治。英国人用政治阴谋和军事进攻并举的办法征服了印度的一些主要邦国。但是，要在分得如此细碎的印度普遍使用这个方式，英国殖民者的军事力量是达不到的。于是，英国人采用了另一种征服形式，即以军事实力为后盾迫使一些小王公与自己签订同

---

① Shashi Tharoor, *India, From Midnight to The Millennium And Beyond*, Published by the Penguin Group, India, 2007, p. 3.

② Thanjai Nalankikki, Why Independence (Freedom) for Tamil Nadu from Indian Rule? Access From. http: //www.tamiltribune.com/99/0402 - why - tamil - nadu - independence.html.

③ http: //www.indianetzone.com/47/causes_indian_nationalist_movement.htm.

盟条约，把它们变成东印度公司的附属国，建立藩属体系。"1813—1823 年，总督哈斯丁斯使中印度的 145 个小王公、卡卡提亚瓦尔 145 个小王公和拉其普特 20 个王公进入了资助同盟条约体系。"[①] 英国人最初只是把它看作一种过渡的权宜之计，只要条件许可就实行直接兼并。后来，在征服的过程中，这样的做法不断遇到人民的起义或封建王公的强烈反抗，英国人开始意识到，保留这些王公既有利于控制群众防止起义，又能缓和与封建贵族的敌对情绪，使之成为驯服的工具。在当地保留诸多王公，分而治之，相互掣肘，使得统一的抗英联合力量难以形成。这样，保留封建王公作为一种统治手段被殖民者有意识地确定下来，从而形成近代印度的土邦制度。英国人不但保护旧的王公，还制造了个别新的王公，到英国征服印度时，保留下来和新制造的大小土邦共 584 个，星罗棋布地遍及印度各地。最大的海德拉巴有意大利那么大，人口 1300 万，最小的维贾南尼斯只有 0.29 平方公里，人口仅 206 人。[②] 这样，印度留下了众多封建王公，他们互相牵制，争斗不已，英国殖民者借机从中获利，这也使印度统一中的不统一因素非常突出。毫无疑问，这种状况对印度政治、经济、社会的发展起到明显的消极作用，也不利于印度人民国家认同的萌发，同时为现代印度的争斗和冲突埋下了隐患。

其次，从经济方面来看，英国不顾南亚次大陆经济发展的独特性以及次大陆各地经济发展的实际情况，而是按照英国资本主义经济发展的需要，在南亚次大陆实行统一的经济发展政策，这种经济发展战略不可避免地会损害印度本地的经济发展，阻碍不同经济区的商品交流，破坏当地经济发展。当英国殖民者携带资本主义经济发展模式进入次大陆时，印度仍处于以自给自足为特征的自然经济发展阶段，主要实行以家

[①] 林承节：《印度史》，人民出版社 2004 年版，第 221 页。
[②] 陈延琪：《印巴分立克什米尔冲突的滥觞》，新疆人民出版社 2003 年版，第 49—59 页。

庭作坊为基本生产单位的生产模式，村社制度根深蒂固，这种经济发展模式与当时印度社会发展程度是相适应的。但是，为了将印度变成其资本主义发展所需要的原料来源地和商品海外市场，英国殖民者对印度经济进行符合英国殖民发展需要的改革，如改革印度原有的土地制度、改革税收制度、在印度广修铁路等。到1901年，英国在印度修筑的铁路就超过4万千米，[1] 破除了地域隔阂，实现了人和物的跨地域流通，使次大陆打破一个个独立而隔绝的地域单位，朝着一个整体的"印度"的方向发展。但是，经济的同质化以及为了商品的流通而建立起来的交通设施，必然会促进人员之间在全国范围内的交流和流动，从而在客观上有助于同一国民身份和同一国家身份认同的发展。

再次，英国殖民者带来了西方教育体系，直接在原有的社会结构之外建立现代学校制度，建立起与英国类似的学校教育体系。殖民者到来之前，在广大的印度地区很难说有系统的教育制度，知识的传递都是基于宗教目的，并在极小的范围内传承，印度根本不存在由政府组织的教育活动，更加谈不上等级健全的学校制度。正因如此，印度接受教育的人群相当有限，很多社会阶层压根就无法接受教育。陆梅指出，在英国殖民统治的将近200年中，英国所推行的西方教育使印度社会结构发生了根本变化，在受教育的中产阶级专业人员队伍中形成一股前所未有的社会力量，给殖民地带来了制度的跨越式进步。[2] 印度的殖民当局实行英语教育和当地语言教育两方面都重视的教育方针，但是英语作为官方语言，成为印度知识分子的通用语言。教育的发展为印度开辟了经济发展的道路，也更新了人们的观念。英国的教育制度为印度引入了西方文学、艺术和政治思想等文化，促进了印度民族主义的产生和发展。知识阶层的出现，为重新构建印度的国家民族认同创造了条件。特别是西方政治思想中的自由主义和民族主义思想，让个人自由和国家独立这样的

---

[1] 林承节：《殖民统治时期的印度史》，北京大学出版社2004年版，第424—434页。
[2] 陆梅：《英国在印度推行西方教育的初衷及其影响》，《南亚研究》2000年第1期。

政治理想在印度知识阶层中得到广泛普及。除此之外，报纸、演讲、大众集会等西方社会的政治技能，也成为知识阶层发起民族独立运动的手段。教育与报纸等现代新闻媒体的发展，则在客观上让印度民众的认知体系得以更新，让国家与民族的理念植入更多印度人的心中。

第二节 殖民统治背后印度国家概念的生成

殖民者进入印度后，首先给印度人民带来的就是歧视和掠夺。甘地曾经描述道："当地白种人心中埋下了仇视印度人的种子，还有其他一些因素促使这种仇视滋长。我们印度人的生活方式和他们大为不同，我们生活俭朴，小富即安，不太在意有关清洁卫生的规定，不注意保持周围环境的整洁，也不善于维护房屋的美观，诸多因素，再加之宗教信仰上的分歧，使得仇视的火焰越烧越旺。"① 英国的殖民统治对于印度国家概念的形成，在客观上也起到促进作用。

第一，同质化的经济政策有助于形成统一的国家身份认同。英国殖民统治将整个南亚次大陆纳入国际市场，在次大陆形成统一的市场，使次大陆的经济利益趋于同质化。首先，英国打破了印度"封闭性"的经济关系，正如马克思所说的，印度从很古老的时候起就实行一种特殊的社会经济制度，即"村社制度"，这种村社式的经济政策不仅导致每个村社在经济上闭关自守，而且整个社会也缺乏必要的流通，"这种田园风味的农村公社使人的头脑局限在极小的范围内，他们把自己全部的注意力集中在一块小得可怜的土地上"，②"这种制度使每一个这样的小

---

① ［印］甘地著：《甘地自传》，中国书籍出版社2016年版，第120页。
② 中共中央马克思恩格斯列宁斯大林著作办公室编：《马克思恩格斯全集》（第9卷），人民出版社1961年版，第148页。

单位都成为独立的组织，过着闭关自守的生活"，① 从而使整个社会也处于封闭状态。这种闭关自守的经济政策不利于人们之间的交流，从而阻碍了人们之间的整合与认同。出于明确田赋量和尽可能多征税的目的，英国殖民当局对印度原有的土地政策进行改造，在全国先后确定了三种土地管理方式：柴明达尔制土地管理、莱特瓦尔制土地管理和马哈尔瓦尔制土地管理，全国范围内实行统一的税收标准。英国殖民者废除了古代印度实行的封建土地关系，在印度农村实施地权和全国统一的税额制度，而"不管各地区不同的情况"，"到1840年时，税收管理遍及次大陆每一个角落"。② 其次，随着英国对印度资本输出的增加，殖民者建立了一定程度上普及全国的银行金融系统和统一的货币制度。在19世纪初之前，印度还没有统一的货币。1770年，英国开始在印度设立银行，帮他们处理殖民当局的收支业务，并有权发行钞票。1818年，英国殖民当局开始统一印度的货币制度，确立银本位制。这种统一的政策把次大陆广大的人民连接在一起，使他们意识到他们是一样的，而与居于统治地位的英国殖民主义者是不一样的，这样无形之中就有了"印度人"与"英国人"甚至"外国人"的区分。同时，为了使印度能成为英国工业品的销售地和原料产地，英国当局在印度开始投资修建铁路、公路、港口等各种交通、通信基础设施。③ 到了独立初期，外国在印度的投资已达30.2亿卢比。④ 纵横贯穿印度的铁路把内地与海港城市连接起来，打破了交通闭塞状态，使各地联系得更为紧密。铁路使人开阔眼界，促进人员交往，信息交流，增进统一观念，对于打破种姓界限、地域界限也起到相当重要的作用。各个地区交流增多的结果就是，

---

① 中共中央马克思恩格斯列宁斯大林著作办公室编：《马克思恩格斯选集》（第2卷），人民出版社1972年版，第66页。

② Dietmar Rothermund, *An Economic History of India - From Pre - Colonial Times to 1991*, Published in the Taylor & Francis e - Library, 2003, p. 21.

③ 文富德：《印度经济全球化研究》，巴蜀出版社2008年版，第244页。

④ 赵东江：《英国殖民统治与印度的崛起》，《内蒙古民族大学学报》2010年第3期。

将印度连接成一个整体，对于形成共同的身份认同具有重要作用。

第二，经济的交流互补也有助于形成统一的国家身份认同。为了最大限度地剥夺次大陆人们，保证英国产品能打入并占领印度市场，英国殖民统治者一方面对印度进出口商品实行差别性关税政策，即对从英国输入印度的工业品实行低额关税，但是对印度出口到英国的纺织品或其他手工业品征收高额关税。正如1840年，一个在印度考察了多年的英国人蒙哥马利·马丁所描述的："在这25年期间，我们一直是强迫印度接受我们的工业品……同时期内，我们对印度出产的商品征收的关税几乎是寓禁关税，从百分之十起到百分之二十、三十、五十、一百、五百到百分之一千。因此，对印度自由贸易的叫嚷，乃是我们对印度出口贸易的自由，而不是印英两国之间的自由贸易。"① 而且，英国使用大量的机器生产来代替印度传统的手工业生产方式。至1914年，织机数由0.91万台增至10.42万台，增长了11倍。② 歧视性的关税政策以及机器的大量使用，严重损害了印度原来的经济发展方式，导致大量的手工业者及其他从业人员失业，打破了印度一直以来的产业之间的界限，冲击了印度以种姓为基础的社会分工体系，增加了不同职业之间的流动，开阔了人们的视野，削弱了种姓的闭塞性和排他性，扩大了人们的活动范围，增进了人们之间的交流，促进了不同阶层人们的整合。

第三，从文化的层面来说，英国殖民当局在印度推行的文化侵略却使印度的知识分子结出独立之果，萌发了其对印度国家身份的认同。可以说，英国殖民当局是以一种高傲的、文化优越感的姿态来对待印度文化的，而且在印度实施教育的最初目的是通过对印度的教育进行改造和渗透，以达到巩固在印度的统治的目的。如英国政治家、历史学家麦考

---

① ［印］罗梅什·杜特著，陈洪进译：《英属印度经济史》（下册），生活·读书·新知三联书店1965年版，第92页。
② 范铁城著，章开沅主编：《东方的复兴——中印经济近代化对比观照》，湖南出版社1991年版，第89页。

利（Thomas B. Macaulay）曾指出，印度教育的目的就是为了培养这样的一个阶层，即"它能充当我们和受我们统治的千千万万人之间的翻译。这个阶层的人有印度人的血统和肤色，但却具有英国人的品味、观点、道德和才智"。[1] 但是，英国的教育以及文化渗透却在无意之中培养出一批具有现代民族国家意识的知识分子，也正是这些人在与英国殖民者的交往和接触中，逐渐萌发出一种思想，即次大陆作为一个整体构成了"我们"，"我们"与殖民统治者（"他们"）是不一样的，"我们"应该摆脱"他们"的统治，建立"我们"自己管理自己的国家。

英国在印度推行的教育尤其是英语教育更有助于印度各地、各阶层、各种姓人员之间的交流，有助于培养他们共同的价值观和归属感。在英国殖民者来到次大陆之前，印度没有现代世俗教育系统，所有的教育都是以宗教目的进行的。每种宗教之间具有根本的排他性，甚至同一宗教的不同派别之间也具有排他性的特点，因而次大陆被分割成这个宗教派别的"我们"与另一个宗教派别的"他们"，且"我们"与"他们"之间是不能相融的，双方之间的距离也是不可跨越的。比如，接受伊斯兰教教育的穆斯林与接受印度教教育的"他们"之间，以及伊斯兰教什叶派的"我们"与逊尼派的"他们"之间具有根本区别且是对立的。比如在印度教徒中，只有出身于婆罗门这种最高种姓的人才有接受教育的权利，教育是婆罗门独有的特权，其他低种姓人是没有机会享受的，因此在次大陆没有跨越宗教界限的"我们"。但是，英国殖民统治者在印度推行西方教育，比如统一使用英语教学，这能够消除不同语言之间的交流障碍，使得来自不同地区说不同语言的人能够相互沟通、彼此理解，从而产生共同感。此外，英国推行的教育还打破了原来教育只属于高级种姓特权的限制，不仅婆罗门可以接受教育，刹帝利甚至首陀罗以及不可接触者都可以接受现代教育。包刚升在《民主崩溃的政治

---

[1] Robert McCrum, Robert Macneil and william Cran, *The Story of English*, Published by Penguin, 2002, p. 184.

学》一书中阐述:"印度在莫卧儿帝国时期基本上没有官办教育系统,近现代的西式教育则兴起于英国人到来之后。1855年印度殖民当局管理的学校为155所,大中学生数量达到4.9万人,1857年殖民当局在加尔各答、孟买和马德拉斯创建了三所大学。"[①] 现代化的统一教育打破了宗教、族群之间的藩篱,培育了具有现代民族意识的知识分子,这些知识分子承担起构建印度民族国家身份的重任,宣扬英国殖民统治者是与印度人完全不同的"他们",印度近代一切苦难皆来源于"他们"对印度的剥削和压迫,因此为了"我们"自身的利益,"我们"应该团结起来反抗"他们"的统治,实现"我们"的民族独立。殖民地的现实使大多数知识分子认识到殖民统治给印度带来的灾难。他们开始对这一问题进行探索,其目的就在于为印度寻求自身的国际定位。在这一过程中,英国殖民者作为印度之外的"他者",其本身所具有的许多观念和原则成为他们容易得到的参照,通过与印度自身进行对照,殖民地时期的许多思想家探讨了诸多问题,尤其是印度如何摆脱殖民统治和建立一个新的印度。

因此可以说,英国在自觉实现破坏性使命的同时又在不自觉地实现着建设性使命,英国殖民者向印度输出的政治制度、经济制度、文化思想等都会潜移默化地影响印度的发展,同时在印度人民的心中铸就了"我们"和"他者"的观念。正是英国不自觉的建设性使命培养了一个接受西方科学技术与思想文化教育的知识阶层,也正是在这一阶层的带领下,一个统一、有序、和平的印度得以造就。印度各个民族在反抗殖民统治的斗争中站在了同一条战线上,摒弃了宗教、族群的隔阂,结成较为稳固的同盟关系,形成对印度国家与民族的共同认同。可以说,印度国家身份的认同就是在反抗英国殖民统治及探索建立独立的新印度的发展道路中形成的。

---

① 包刚升著:《民主崩溃的政治学》,商务印书馆2014年版,第380页。

当然，还有一点我们必须提及，那就是英国殖民统治给印度留下的更多的是无尽的麻烦。印度普纳大学著名学者拉迪卡·塞姗指出，"英国人的政策又被视作针对印度局势的回应，因为在印度，英国人作为少数派，需要用分裂印度人的方式来寻求统治多数派"。[①] 这就引发了"分而治之"的政策。"分而治之"政策将印度一分为二，"我们"分别成了以信奉伊斯兰教为主体的巴基斯坦人和以信奉印度教为主体的印度人，并且"我者"的巴基斯坦与"他者"的印度不再是自己人，成为"我"与"他"永远的分界线，于是发生了著名的印巴分治。这场被称为"史无前例的教派间冲突""20 世纪最大规模的人口迁移"的事件[②]造成严重的后果。这种"我"与"他"之间的厮杀与博弈，很大程度上是殖民统治种下的恶果。英国人的制度和理念在印度传统文化中的适应性也是存在问题的——英国在印度推行西式教育，宣扬西方文化的先进性和优越性，贬低印度文化，这样虽然培育了一大批具有现代文化的知识分子，但也使得印度知识分子对西方文化产生怀疑，徘徊于西方文化和印度本土文化的迷茫之中而不知归处。此外，英国殖民主义者长期努力的主要目标是让被殖民者的被殖民地位进一步被确认与强化，这也使得印度在殖民统治结束之后形成的"印度国民特性"并不能成为一种真正摆脱殖民的、享有独立自主地位的国民特性，而是一种留下严重殖民后遗症的国民特性。甚至可以说，印度建国后的国家自我定位不自觉地模仿了殖民者的想象与欲望，形成一种通过学习殖民者的强势语言并内化为其宰制性、掠夺性的价值体系，进而产生一种对其他民族或国家进行帝国主义式的扩张与占领的行为，这些都为独立后掌权的印度资

---

① ［印］拉迪卡·塞姗：《印度的民族书写：社群主义与历史编纂学》，［德］斯特凡·贝格尔主编，孟钟捷译：《书写民族：一种全球视角》，浙江大学出版社 2018 年版，第 246—247 页。
② 邱永辉、欧东明著：《印度世俗化研究》，巴蜀书社 2003 年版，第 166 页。

产阶级走上对外扩张的道路打下了社会和文化基础。① 或许我们可以得出结论，在这样的环境中形成的印度国民心态与身份认同也是畸形的。

第三节　印度反殖民统治的斗争与国家身份

英国的殖民统治让次大陆的人们真正见到了与自身区别明显的外来者，英国殖民者对所有次大陆的人来说都是"他者"。英国的殖民入侵从一开始就遭到次大陆人民的反抗，从零散的反抗逐渐发展成全民性的反抗，反抗的目标也从最初模糊的、不统一的、不具体的目标，逐渐发展到后来赶走英国"外来者"亦即"他者"、建立"我们"自己的国家，这样一个清晰的和具有全民性的统一目标，这一过程实际上就是次大陆人们自己身份认同形成和发展的过程。

印度原封建王公和封建土邦的利益最先受到殖民统治的触动，许多封建王公一夜之间从原来的统治者变为被统治者，从原来的剥削者变为被剥削者。阿萨姆地区在莫卧儿王朝时期是一个独立的王国，阿豪马王国统治着阿萨姆地区，拥有独立的对内管理权和对外交往权。但是在1829年1月，由于缅军在与东印度公司的军事斗争中失败，阿拉冈和特那斯利姆被缅甸割让给英国，而作为第三方的阿萨姆地区从此成为英国的殖民地，接受英国的殖民统治和剥削，甚至连阿萨姆国王都因反抗英国的殖民统治而被英国人绞死。那加兰地区在1879年之前基本上是一个独立的地区，但是英国人想占领科希马，进而控制整个那加兰，然后经那加兰控制缅甸及东南亚。1879年，英国借口那加兰人侵犯英国人而向科希马派兵，占领了科希马，控制那加兰邦直到1947年印度独

---

① 曹永胜、罗健、王京地著：《南亚大象：印度军事战略发展与现状》，解放军出版社2002年版，第27页。

立为止。

英国殖民者这个"他者"的到来，对土邦封建王公利益的影响也很明显，因此他们也是最先起来反抗英国殖民统治的人。比如，为了反对东印度公司的贸易特权和反抗东印度公司对孟加拉的武力侵占，1763年孟加拉邦的领导人那纳布米尔·卡西姆发动了反抗英殖民统治的起义活动。有了卡西姆的带领，农民、手工业者等纷纷加入反英起义活动中。后来，卡西姆领导的孟加拉起义中的起义者与奥德的封建王公结成同盟，共同反抗英国殖民统治。1781年贝拿勒斯土邦封建上层领导的起义、1808年特拉凡柯尔土邦首相韦卢·坦皮领导的起义等，明确以反抗英国殖民统治为目标。正是这些封建王公和土邦最先意识到英国人是"外来者"，这些由他们领导的运动都是以反抗英国人在印度的殖民统治为目标的。他们宣布英国为敌人，并且"都以恢复印度独立，赶走英国人为目标"。但是，由于封建王公和土邦先天的局限性，他们仅仅关注自身的、眼前的利益，没有一种长远的和整体的价值观，更没有统一的民族和国家观念，因此这些斗争基本上都是零散的，各自独立地发展着，没有形成一个统一体，而且参加这些反抗运动的人员比较单一，主要是王公贵族，并没有包含其他阶层的人员，更没有联合次大陆其他阶层的人员，所以此时封建王公领导的反英运动还没有将印度人团结为一个共同的"我们"，也未能形成真正意义上的统一的国家认同，甚至他们还没有意识到要在印度次大陆这块神秘的土地上建立所有人共同的家园。

广大农民和城市手工业者的觉醒以及参与反抗英国殖民统治的斗争，对于形成印度国家身份认同具有重要的意义。印度是一个传统的农业大国，大部分的人口从事农业生产，居住在农村。根据1904年印度的人口统计，从事农业生产的人占印度总人口的75%多。[1] 印度长期实

---

[1] B. Freund, *The Rise and Fall of the Indian Peasantry in Natal*, Structure and Experience in The Making of Apartheid, 6-10 February, 1990, p. 2.

行特殊的"村社制度"以及大家庭制度，使得广大的"（村社）居民对各个王国的崩溃和分裂毫不关心。只要他们的村社完整无损，他们并不在乎村社受哪一个国家或君主统治，因为他们内部的经济生活仍旧没有改变"。① 加布里埃尔·A. 阿尔蒙德和小 G. 宾厄姆·鲍威尔在《比较政治学：体系、过程和政策》一书中认为："英国殖民统治初期的印度农民在政治文化上属于'狭隘观念者'，他们在生活中只关心非政治性事务，而且对自己与国家政治过程的关系毫无意识。"② 王立新在《印度农民政治文化变迁和现代民族运动的兴起》一文中也认为："印度农民力图把政府在实际生活中的影响降低到最低限度。"③ 他们的信条是：管理最少的政府才是最好的政府。政府角色只应限于防止暴力，鼓励"达磨"即道德法律的实现。印度的经典史诗《摩呵婆罗多》暗示，如果统治者对人民管制过多，人民就可以推翻他们的统治者。他们应该"杀死不正义的国王，如果他像一条疯狗的话"。④

但是，英国为了把印度纳入其世界分工体系，使之成为英国的原料来源地和产品倾销市场，在印度实行了一系列殖民剥削政策。在此情形下，印度传统手工业品在国内外没有任何竞争力，无法销售出去，印度不但失去了国内外市场，其传统手工业也被摧毁，导致无数城市独立手工业者失业。纺织机在印度的使用几乎消灭了印度全部的城市传统的纺织工人，到 19 世纪 40 年代，在世界久负盛名的纺织中心达卡，人口由 15 万锐减至 2 万。总督本丁克承认"悲惨的情况在商业史上是无与伦

---

① 中共中央马克思恩格斯列宁斯大林著作办公室编：《马克思恩格斯选集》（第 2 卷），人民出版社 1972 年版，第 66 页。
② ［美］加布里埃尔·A. 阿尔蒙德，［美］小 G. 宾厄姆·鲍威尔著，曹沛霖、郑世平等译：《比较政治学：体系、过程和政策》，上海译文出版社 1987 年版，第 41 页。
③ 王立新：《印度农民政治文化变迁和现代民族运动的兴起》，《史学月刊》2004 年第 12 期。
④ Steven Warshaw, C. David Bromwell, A. J. Tudisco, *India Emerges: A Concise History of India from its Origin to Present*, Diablo Press, 1974, p. 113.

比的。棉织工人的白骨使印度平原都成了一片"。① 英国"他们"对印度的殖民统治，给"我们"印度人造成的后果是灾难性的。

殖民者推行的税收改革瓦解了印度村社的自然经济结构，几乎使所有农民失去了原本赖以生存的土地，"把其统治的地区抢得精光，一时出现了遍地哀鸿的悲惨景象"。② 正如马克思在《不列颠在印度的统治》一文中所阐述的那样："印度农村家族式的公社是建立在家庭工业上面的，靠着手织业、手纺业和手力农业的特殊结合而自给自足。英国的干涉则把纺工安置在郎卡郡，把织工安置在孟加拉，或是把印度纺工和织工一齐消灭，这就破坏了这种小小的半野蛮半文明的公社，因为这破坏了它们的经济基础。"③ 印度农村传统公社制度被英国大机器碾碎了，农民赖以生存的基础被英国殖民统治剥夺了，为了反抗这种剥削和压迫，广大的农民和手工业者开始以暴力进行反抗，如1859年纳迪亚县戈文德普尔村的农民运动、19世纪70年代德干地区的两次农民起义以及20世纪的农民大起义等。这些农民运动虽然一开始并没有严格地区分反抗"他者"——英国殖民统治者和"我们自己人"——封建地主，也没有形成"我们"与"他者"的概念，但是正是农民和手工业者"'虚构'了印度现代民族主义的'政治神话'"。④ 由于事实上并不存在印度民族，这些新的阶级便着手创造了一个印度民族。在殖民者进入以前，印度农民自然地只将自己当作村社的一部分，认为自己是地主的附属物，没有"自我"身份和价值追求。但是，村社解体后，农民开始认识到他们是一个独特的集体，这个集体与印度许多集体是一样的，

---

① 吴于廑、齐世荣著：《世界史》（近代编，下册），高等教育出版社1992年版，第221—222页。
② 参见林承节：《殖民统治时期的印度史》，北京大学出版社2004年版，第48页。
③ 中共中央马克思恩格斯列宁斯大林著作编译局编：《马克思恩格斯选集》（第2卷）（不列颠在印度的统治），人民出版社1972年版，第67页。
④ ［英］F·H.欣斯利，中国社会科学院世界历史研究所组译：《新编剑桥世界近代史》（第11卷），中国社会科学出版社1987年版，第600页。

但是跟英国殖民统治者是不一样的。欣斯利指出,"正是借助于这样的'政治神话',这个原本只是西方文化和教育产物的阶级才能够'产生一个目标和政治纲领',发动现代民族主义运动,并'能够在三代人的时间内接管这个国家'"。①

而印度觉醒的知识分子以及这些先进知识分子组成的国大党最终完成了印度民族的建构,实现了印度国家的建构和认同。国大党作为一个中介或一个领导力量,克服了宗教、地区以及各个阶层独特的利益的束缚,联合了各个土邦王公、封建地主、知识分子、广大的手工业者和农民共同反抗英国殖民统治。国大党的主要创始人提拉克在1881年呼吁"不努力唤醒群众,争取政治权利的任何斗争都不会有结果的",② 并在1886年1月再次强调"国大党只要不组织千万人的运动,将一事无成"。③ 20世纪20年代,国大党实现了穆斯林和印度教徒史无前例的团结,促成全国上下各宗教信仰、各阶层人们"非凡的、万众一心的"运动。20世纪初,国大党建立了反对不可接触制度同盟,规定了"'贱民'日"、"'贱民'进寺庙日",组织了"'贱民'服务协会"等,并注重联合与发动广大农民和手工业者。国大党在1920年12月的那格浦尔年会上改组了党的机构,在城乡各地设立了分部,并吸收大学生、城市小资产阶级、农民和手工业者参加党的组织。国大党从更宏观的角度出发,来讨论全国性的政治、经济问题。它所领导的民族运动再也不是地区的或分散的,而是统一的和全国性的。为了反对劳莱特法,1919年4月6日,在甘地的提议下举行了全国性的罢课、罢市和罢工运动。"在这以前从未参加过政治运动的许多人都出席了群众大会,以前成千

---

① [英]F·H.欣斯利,中国社会科学院世界历史研究所组译:《新编剑桥世界近代史》(第11卷),中国社会科学出版社1987年版,第600页。
② 夏姆·克夏普:《提拉克思想形成的三个阶段》,转引自范名兴:《国大党在印度民族解放运动中的领导作用》,《南亚研究季刊》1986年第3期。
③ 夏姆·克夏普:《提拉克思想形成的三个阶段》,转引自范名兴:《国大党在印度民族解放运动中的领导作用》,《南亚研究季刊》1986年第3期。

上万对政治不感兴趣的人都参加了宣传工作。"①

　　为了反抗英国的殖民统治，国大党在1930年发动了全国范围内的群众性公民不服从运动，二战后更是发动了声势更为浩大的公民不服从运动。通过所有由印度资产阶级领导的，各阶级、各阶层在不同程度上参加的非暴力不合作运动，次大陆的人们第一次有了"共同敌人"的意识，并逐渐形成一个统一、区别于英国殖民统治者的团体，即印度民族，同时建立了一个属于"我们"的统一的政治组织——独立和统一的印度国。正如马德拉斯著名活动家维腊腊加瓦·恰里阿尔所说的，"我们现在开始认识到，尽管在语言、社会习俗上存在着差别，但我们具有了各种因素，使我们真正形成一个民族"。② 另一位活动家G. 苏·阿叶尔也说："从今以后，我们能够用比以往任何时候都更确定的口吻谈论统一的印度民族，表达民族意见，反映民族期望。"③

　　综上，英国殖民者进入印度建立殖民统治，开始了对印度的经济掠夺，在印度人心目中无疑成为令人厌恶的"他者"，因为殖民者与之前的任何统治者都不一样。英国殖民者给印度带来了现代的商品经济和工业革命后的商品输入，也带来了印度人从未经历过的多样性和差异性。毋庸置疑，英国殖民者给印度带来了无数消极的影响，但也在无形中成为印度国家观念形成的催化剂。曾长时间在印度担任外交使节的墨西哥文学家帕斯指出："英国给印度一份无价的遗产：民主体制、法律规范、现代化管理，而印度人也懂得善加保存。"④ 殖民统治对印度社会经济、文化价值乃至宗教信仰的冲击，是极其深入且全方位的。资本主义生产

---

　　① ［苏］巴拉布舍维奇·季雅科夫主编，北京编译社译：《印度现代史》，生活·三联·新知三联书店1972年版，第107页。

　　② Briton Martin, *New India, 1885: British Official Policy and the Emergence of the Indian National Congress,* Published by University of California Press, June 1969, p. 298.

　　③ Briton Martin, *New India, 1885: British Official Policy and the Emergence of the Indian National Congress,* Published by University of California Press, June 1969, p. 298.

　　④ ［墨］奥克塔维奥·帕斯著，蔡悯生译：《印度札记》，南京大学出版社2010年版，第115页。

方式带来的大量新的人际关系模式，基督教对传统印度教、伊斯兰教教义的冲击与协调，殖民者为方便统治而重构的种姓体系与封建王公制度，以选举制和政党制为中心的现代政治制度，都是传统印度社会从未经历过的新鲜事务。新的文化观念和新的社会制度与印度同样复杂多样的社会相互混杂，这种差异性远比传统社会所表现得丰富而多元。随之而来的还有现代的教育体系，以及深深植入人们心中的现代国家观念和民族主义。也正是在与殖民者相比较的过程中，"印度人"的认同逐渐构建起来。

当然，印度社会的复杂性导致印度的国家建构与民族认同极端复杂，其进程也充满曲折与辛酸。印度在历史上从未形成大一统的国家，人们并没有强烈的为国家而斗争的观念。殖民者进入以后，经常可见的是"殖民者"与"我们印度人"的区分，①却很少看到振兴"我的祖国"这样的呼吁。就算是完全沦为殖民地，也少见印度人在文字中表达亡国的悲哀之情，这表明在印度人的心目中，"祖国"这个观念并不如其他国家那样根深蒂固。印度人的心中还存在多种认同与区分，这些认同以印度传统的宗教和种姓为基础，形成多重叠加的圈层结构。这也导致印度政治实践中所建立的政治实体的极端复杂性。某些看似源于传统印度社会的历史因素，比如宗教信仰与教派矛盾，经常在不经意间凸显出来，被殖民者以"分而治之"的策略加以利用，从而造成严重的政治问题。事实上，直到摆脱殖民统治、实现民族独立，全印也未形成一致的国家认同。在英国殖民者主持下的印巴分治，其结果便是以印度教徒与穆斯林为基础，形成印度和巴基斯坦两个不同的国家。关于印度独立运动中的国族建构与印度、巴基斯坦认同确立的历程，本书的第三章将做较为系统的梳理。

---

① "我们印度人"可能是甘地和泰戈尔的著作中最常见的词汇，但笔者在他们的著作中搜索，从未发现类似于"祖国"这样的表述。

第三章 印度建国道路与国家身份

殖民统治将印度慢慢变成一个整体，也塑造了印度人对外来者的认识。不过，这种认识与印度人自我意识的形成还是有一段距离的。"印度国家"的概念和"印度人"的认同，其实更多是在印度人自我探索的过程中塑造出来的。这些探索必然伴随着对殖民统治的反抗，但更多时候还是表现为建设一个独立国家的美好愿望。这个国家是什么样的，之前的印度并没有先例可循，只能是由早期探索者在心中慢慢思考，经由政党的活动推向社会，再通过独立运动与建国运动逐渐付诸实践。在独立与建国的实践中，各种影响因素不断出现，不仅影响着这个美好蓝图的实现，也在不断修正着建国计划。这种可歌可泣的探索过程，形塑了印度人的国家身份。

第一节 独立的"印度国家"：印度建国道路的探索

不可否认，印度的建国之路与印度人民反抗英国殖民统治的道路是相辅相成的，但二者的性质和进程不尽相同。反抗的目的是赶走殖民者，至少也要减少殖民者的掠夺；而建国则包含着赶走殖民者以后建立一个什么样的国家、实行什么样的制度的理想。一般来说，殖民者只要开始了对印度的侵略与压迫，反抗就会立刻发生；但是反抗者并不一定会有国家的观念，也不见得有了建立自己国家的理想。相对而言，反抗殖民统治与探索建国道路，一种是迫切的、现实的，另一种则是远期的、理想的。这一远期的、理想的国家蓝图是在印度无数仁人志士的努力下描绘出来的，所以也需要在民族独立的实践中不断被修正。印度国家形塑的过程，也是对国家理想不断修正的过程。

南亚次大陆反殖民斗争很早就出现了，但是大规模的反抗事件则要稍晚些。18世纪后半期到19世纪上半期，传统社会的封建主和下层人民就开始了有组织的反英运动。这些早期起义的目的与英国殖民统治赤裸裸的暴力掠夺有着密切关系。随着工业革命的爆发，以1813年为时间节点，英国对印度的殖民掠夺进入新的阶段。印度的民族起义也开始转变为同时针对英国工业资本的剥削和反抗本国地主的压迫。林承节根据传统的阶级分析法将18世纪后半期19世纪上半期的起义总结成三种情况：第一种是少数封建王公领导的起义；第二种是柴明达尔领导的起义；第三种是农民和其他下层人民的起义。[①] 这些起义的特点是直接反抗经济掠夺，组织相对比较松散，没有长远的目标，更没有提出明确的建国目标。

19世纪20年代以后，"印度"的概念开始出现在启蒙思想家的论述中，后来逐渐发展为以印度为中心的政治改良运动。这些运动背后最重要的推动力是现代知识分子提出的争取独立的思想。现代印度知识分子的主要来源是商人阶级和自由地主阶级。随着工业革命的扩展，商品经济逐渐在印度得到发展，产生了一些有独立商业活动的商人及与市场联系更密切的自由地主。正是这两个群体中产生了倾向于要求更多独立发展机会的声音。然而，这种倾向也与买办企业和农业剥削活动并存，从而导致他们的政治观点极为温和。印度现代知识分子提出的独立主张远比世界其他地方温和，基本上不包含武力反抗殖民统治的思想。在这种背景下，早期印度资产阶级领导的抵抗运动往往也非常温和，因为资产阶级是在殖民者的影响下产生的，对殖民者有一定的依赖性。为了使

[①] 林承节：《殖民统治时期的印度史》，北京大学出版社2004年版，第68—71页。

利益最大化，资产阶级既有一定的反抗意识，又需要一定程度的妥协。这是一个矛盾而又合理的特点。因此，"印度"虽然在知识分子的理念里成为一个主体，但暂时并未改变印度仍是"殖民地"的尴尬地位。殖民统治并没有成为他们启蒙思想中需要被推翻的对象，他们所努力的方向是维持这种与殖民者合作而又拥有更多讨价还价余地的状态。

和世界上其他国家一样，印度的民族主义运动也与启蒙思想密切相关。印度先后出现的宗教改革运动、青年孟加拉活动、孟买和马德拉斯区的早期改良活动等，都没有提出激进的主张。按照史学界的一般界定，1857—1859年的印度民族起义是印度历史上第一次由一些封建领主和下层阶级联合发动的印度独立的民族武装起义。[①] 虽然这些运动最终都被镇压了，但不可否认它们是印度人民对英国殖民统治的一种反抗。他们对国家独立的探索，对印度社会产生了深远的影响。然而，"这次起义（印度民族起义）仍属旧式起义，与以往近一个世纪以来印度下层人民与部分封建主的武装斗争没有本质上的区别"。[②] 传统看法多关注印度民族起义的领导者与反抗的彻底程度，其实就印度国家的形成而言，更重要的是，起义是由宗教禁忌的突发事件引发的，并没有经过长期的思想准备，起义者也没有设定长远的目标，更不可能自己提出建立统一国家的诉求。与有着长期统一历史的国家不同，印度民族起义者的意识深处并没有一个"印度国家"这样的概念存在，也不存在为国家而斗争的口号与目标，所以也就很难有"民族危亡"这样的切身感受。对印度而言，民族、国家是外来的词汇，其内涵和外延为人们所接受还需要一个长期的过程。也就是说，一种新的思维方式对社会的总体影响可能存在一定的滞后性，其反应还需要在一段时间后显现出来。

19世纪70—80年代，印度的改良运动在深度和广度方面都有了很大的发展，可以说处于早期资产阶级政治运动最辉煌的时期。其表现

---

① 林承节：《殖民统治时期的印度史》，北京大学出版社2004年版，第101页。
② 林承节：《殖民统治时期的印度史》，北京大学出版社2004年版，第106页。

在，运动的组织得到极大加强，而且建立独立的印度国家的要求也开始被理论化。更重要的是，源起于西方世界的国家与民族理论，由学术上的介绍与讨论开始转变为争取民族独立和建立民族国家的实际行动。这种思想发展的直接结果就是1885年成立的全印度的民族主义组织——印度国民大会党。具有现代政党制度基本要素的印度国大党为印度民族运动的发展提供了一个领导者、一个中坚力量和一个潜在的发展基础。国大党的成立，标志着现代政党及其组织的政治活动已经开始引领印度民族独立运动的潮流。当然，基于印度社会的特殊环境，在国大党成立的前20年，其活动的宗旨仍然局限于局部改良，并没有将独立建国作为目标。国大党成立之初提出的主要政治要求是：增加各级立法会中印度议员的人数，扩大立法会的权力，放宽公务员考试的年龄限制，争取英国人和印度人之间的平等考试权等。与此同时，国大党要求实行陪审员制度，反对司法部门的种族歧视，反对歧视印度人的《武器管制法》等，经济方面则是希望实现瑙罗吉和伦纳德提出的经济目标。与此同时，国大党重视团结全体印度人民，他们对封建主的态度是"以其为友"，赢得所有地主的同情，以动员他们参加民族运动。国大党对土邦王公的态度也是如此，把土邦看作残留的印度自主地位的可贵象征，是"还在跳动的印度的心脏"，希望土邦的王公能够在英国统治者面前保持他们的内部自治，向英国人展示良好的治理效果，即显示印度人管理国家权力的能力不亚于他们。[①] 这些主张有明显的不彻底性，但从中也可以看出，国大党正在努力从历史与传统中寻求印度国家制度的象征，尽管这些土邦王公辜负了国大党的期待。[②]

19世纪中叶，经济发展相对落后的穆斯林社会也开始出现启蒙运

---

① 陈延琪：《印巴分立：克什米尔冲突的滥觞》，新疆人民出版社2003年版，第39页。
② 李加洞就指出，国大党对土邦王公期望过高，尽管国大党以友善甚至讨好的态度对待王公，大多数王公还是对国大党心存恶感。参见李加洞著：《王公印度之"兴"亡研究：1906—1947年》，内蒙古大学出版社2014年版，第163页。

动。与国大党不同，穆斯林启蒙运动带有穆斯林群体的诉求。从一开始，他们的活动就有着双重出发点：一是振兴印度；二是促进穆斯林的发展，提高穆斯林的地位。从振兴印度的大方向上看，这两个目标是相似的，但也有明显的差异。自国大党成立以来，由于穆斯林社会与印度教社会的经济发展状况存在差异，两者上层的利益冲突加剧。二者的矛盾被殖民统治者有意利用，导致冲突有扩大和加剧的倾向，结果印度陷入教派冲突的恶性循环。穆斯林启蒙运动的方向逐渐改变，争取印度民族独立的诉求被削弱，越来越强调伊斯兰教派的利益。为此，穆斯林领袖提出"两个民族"理论，认为代表制原则不适合印度国情，并将国大党描述为印度教组织，称国大党是印度教个人利益的工具。他们呼吁穆斯林不参加国大党，号召团结印度教地主势力，开展反国大党活动；更进一步提出，维护穆斯林利益的根本途径是依靠英国统治者的保护；进而提出，穆斯林当前的任务是开展教育而不是喊政治口号。因此，穆斯林的启蒙运动与国大党的主张从一开始就有很大的区别。这种分歧的不断扩大加剧了双方的裂痕，也为印度和巴基斯坦的分裂埋下了隐患。印度独立运动的教派主义苗头其实在一开始就萌发了。

  19 世纪末 20 世纪初，英国加强了对印度的经济掠夺，政治控制也不断加强。特别是寇松 1899 年担任印度总督后实施的一系列政策，引起印度人民的强烈反对。寇松认为，独立的印度民族是不允许存在的，任何争取印度独立的运动或思想都必须予以查禁。同时，为保持英国对印度统治的永久化，寇松主张在印度建立一个类似于清王朝统治下的中国的政体，用他本人的话来表示，就是使印度成为"帝国的最伟大的伙伴"，[①] 其目的是在此基础上形成一个新的民族——英印民族。[②] 对于寇松的政策，国大党在各种会议上进行谴责，并在年度会议上特别通过了

  [①] D. Dilks., Cuion in India, Vol. 2, p. 133. 转引自潘兴明著：《丘吉尔与大英帝国的非殖民化》，东方出版中心 2018 年版，第 35 页。
  [②] 钱乘旦：《日落斜阳：20 世纪英国》，华东师范大学出版社 1999 年版，第 290 页。

反对分割孟加拉国的决议。国大党的积极分子组织了各种各样的群众集会来进行抗议，但这些抗议和谴责通常是温和的。因此，国大党内部出现了一股新的力量，主张坚决反对殖民统治，态度日趋激进，其活动中心之一是马哈拉施蒂，代表则是贝尔·甘加达尔·蒂莱克。小资产阶级激进分子的革命活动可概括为：西瓦拉吉的政治纲领，积极主张经济独立，主张动员工农参加民族运动，反对"不求战"的口号。为了实现这些目标，他们以一种特殊的方式动员群众，即除了爱国主义、革命、民主、自由、平等和博爱之外，他们还利用宗教教义和传统习俗为民族斗争服务。主要方法是：用宗教哲学来论证西瓦拉吉计划，用神圣的光轮来掩盖真正的政治斗争目标；对古老的印度教经文进行新的解读，用来号召群众；以纪念甘尼什的形式教育和团结广大民众；提倡建立寺庙根据地。这些纲领都有很明显的特征，即是从印度教的传统来论证印度国家与印度民族，并以较为激进的方式寻求印度的独立。

值得注意的一点是，激进派把宗教因素引入政治斗争中，从宗教学说中固然可以发掘某些相对有用的思想，但毕竟仍是宗教思想，且有大量的残渣混杂其间。在广大群众还缺乏分辨能力的情况下，宗教鼓动必然会导致鱼龙混杂，泥沙俱下，将积极的和消极的因素一并搅起，使群众中长期存在的宗教意识被强化，这一切对印度国家意识的健康成长是十分有害的。利用宗教虽然有利于发动印度教群众，但却不自觉地伤害、疏远了穆斯林群众，加深了两大宗教群众之间的裂缝，归根到底是不利于全面发动印度民众的，也不利于实现印度人民反殖民斗争的团结，并为后面的反殖民斗争，甚至是独立后的教派冲突埋下了隐患。

第二节 非暴力不合作：甘地思想与印度国家认同的形成

在国大党的努力下，印度国家的形象正在慢慢成型。在印度国家认同形成的过程中，莫汉达斯·卡拉姆昌德·甘地（1869—1948年）提出的非暴力不合作的思想起到重要的作用。

甘地被印度人民称作"圣雄"，出生于西印度的卡提阿瓦半岛波尔邦达地区的一个信奉印度教的家庭，其家族属吠舍种姓，父亲当时是一位土邦高官。甘地的父母特别是母亲是非常虔诚的印度教徒，印度教的教义深刻地影响了他后来的思想。甘地在印度接受完初中教育后即赴英国留学，并于1887年在伦敦取得律师资格证。在英国留学期间，他受到西方有关国家、民族的论述，也受到当时很多著名学者思想的熏陶，接触到除印度教以外的各种宗教经典。1891年甘地回国，并于1893年应印度一富商之聘赴南非为其处理债务纠纷。在南非，印度侨民受到严重的种族歧视，甘地作为一个"有色人种律师"，也饱尝了这种滋味。应广大侨民的要求，他放弃了律师的地位和收入，全力领导他们进行反歧视斗争。正是在这场斗争中，他开始形成非暴力思想，提出"萨提亚格哈拉"，即坚持真理的斗争方式（他当时称之为消极抵抗），并团结部分宗教、种姓，团结所有印侨开展斗争。①

甘地的思想和政治主张非常复杂，本书不打算做详细的论证，仅针对与本书关系密切的问题，参考前人研究，进行简单归纳：②

1. 对宗教与政治关系的论证。甘地非常重视宗教的意义，在他看来，宗教和政治可以合二为一，而且必须合二为一。基于这种观点，他

---

① 叙述甘地经历的第一手资料的著作是《甘地自传》（洪晓然译，中国书籍出版社2016年版）。从历史角度对甘地进行研究的传记或其他研究论著非常多，也有不少从甘地的经历来讨论其对印度历史影响的论著，可参考意詹尼·索弗里的《甘地与印度》（三联书店2006年版），[美]伯恩斯的《领袖》（中国人民大学出版社2007年版），王红生的《神与人：南亚文明之路》（人民出版社2011年版），[德]伯纳·英哈斯利的《告别甘地，现代印度的故事》（台湾高全国际有限公司2008年版），[美]埃克里森的《甘地的真理：好战的非暴力起源》（中央编译出版社2010年版），任鸣皋、宁明的《论甘地》（上海社会科学院出版社1987年版），尚劝余的《尼赫鲁与甘地的历史交往》（四川人民出版社2000年版）等。

② 这四个方面系沿用林承节先生的总结，笔者间有补充。参见林承节：《殖民统治时期的印度史》，北京大学出版社2004年版，第292—295页。

认为人类活动的目的是要把宗教教义规定的道德伦理提到首要地位，作为人类社会的行为规范。在与殖民者的政治斗争中，甘地也要求灌输这种宗教精神。甘地"神即真理""真理即神"的论断，把为真理而斗争和虔敬神灵的信仰等同起来，作为其思想中政治和宗教的结合点。依据"神即真理"的观点，甘地又提出非暴力学说作为其政治态度的基本理论。需要注意的是，在甘地的概念体系里，作为宗教信仰的非暴力与"爱"是同义词。甘地从普遍的人性与印度文化传统两个方面来论证非暴力的必要性。一是非暴力（即爱）是人的本性，是人类独有的法则，正如暴力是兽类的法则一样；二是论证非暴力与印度教的联系，认为非暴力是印度教的特性，出于印度文明的传统。

2. 对未来印度国家与社会的理想设计。甘地赞成提拉克提出的民族主义学说"司瓦拉吉纲领"，但有其独特的发挥和阐释。甘地认为，司瓦拉吉不仅要求作为政治体的印度应实现政治自主或独立，而且要实现人的精神完善与社会协调。政治独立与人的完善紧密联系，互为条件。甘地认为，印度之所以会丧失独立地位，过错不在于殖民者，而在于印度人民自己。因此，甘地指出，印度要取得司瓦拉吉，首先必须克服自身的缺陷，达成精神完善和社会协调。甘地在其所著的《印度自治》一书中提出，他对未来的出发点和目标是反对近代的西方文明，要建立一个与近代文明针锋相对的、以印度文明的真谛精神为基础的社会，后来他称之为真理和非暴力社会。[①]

3. 对英国殖民政权的看法。基于对司瓦拉吉的观点，甘地认为，印度面临的首要任务不是立即结束英国人的统治，而是追求自身精神的完善。他认为只要印度人能够作为强者站立起来，就会有政治上的自主。这就是以追求自身完善来感化统治者的道路，这正是他主张的非暴力斗争道路的实质。追求精神完善是个较长时间的过程，在这个过程

[①] 此系转引自林承节先生引述的观点，详细参看林承节：《殖民统治时期的印度史》，北京大学出版社2004年版，第293页。

中，对英国统治应采取既合作又反对其错误的方针。

4. 对团结印度民众的观点。他主张实现印度各阶层、各宗教的大团结，吸引尽可能广泛的群众参加坚持真理的斗争。甘地对于下层群众的困苦是很同情的，有一种要帮助他们争取改善的迫切愿望，但是要按照他的模式去进行。

甘地的思想最开始的时候并未获得国大党和穆斯林联盟的赞同与支持，正是"罗拉特法"的通过给了甘地及甘地思想被大家接受的最好机会。就在国大党和穆斯林联盟对英国通过的"罗拉特法"一筹莫展之际，甘地却令人意想不到地采取了反击行动，并引发了群众斗争的高潮。随着事情的进一步发展，甘地也终于从一个对英国统治的合作主义者转变为一个不合作主义者，并最终确立了自己在国大党甚至整个印度独立中的地位，"甘地思想"也成为国大党的指导思想。

以不合作思想为引导，甘地陆续领导了数次反抗英国殖民当局，争取印度民族自治的运动。1921年，甘地领导了第一次不合作运动。这次运动不仅在印度教而且在穆斯林联盟中发起，参加的不仅有农民、小手工业者还有资产阶级等社会各阶层的人，因此它发展成近代以来资产阶级领导的、拥有最广泛群众基础的反英革命斗争，印度民族解放运动由此进入一个新的历史时期。但是，当看到在联合省戈拉克浦尔县的曹里曹拉村发生烧死警察的暴力事件时，甘地就立即决定停止开展不服从运动，这意味着第一次不合作运动的中止。

第一次不合作运动的中止给印度民族运动带来了严重后果，它的停止使民族主义力量联结在一起的纽带突然断裂，好不容易集合在一起的力量又分崩离析，多种力量平行存在并相互冲突的局面再度出现，民族运动陷入低谷。后经多方共同努力，民族运动终于在20世纪20年代后期走出低谷。主要表现在：国大党经过分化组合后出现一个激进的左翼派；秘密革命组织的活动又开始恢复；穆盟和国大党在一些关键性问题上又开始出现严重的分歧，这种分歧给印度带来严重的政治后果；第一次不合作运动的中止也促进了印度共产党的诞生和成长。

第一次不合作运动中止后，甘地于1930—1933年再次领导开展了一场新的不合作运动。与第一次不合作运动相比，这场运动的参与人数更多、持续时间更长、程度也更激烈。此次不合作运动主要采取了不服从的形式，因此又被称作"文明不服从运动"。20世纪30年代的世界经济危机给印度民族工业和下层人民生活带来了灾难性影响，同时英国殖民主义者也把经济危机转嫁给印度人民，使印度人民的生活雪上加霜。1930年1月31日，在向总督欧文提出11点要求被拒绝后，甘地开始发动文明不服从运动。这一运动在全国各地得到热烈响应。4月中旬后，运动进一步发展，在有些地方甚至开始转化为武装斗争，如孟加拉省吉大港发生的武装大起义、白沙瓦的武装起义、孟买省绍拉浦尔的武装起义，以及甘地被捕后引起的全印抗议风暴等，使得欧文不得不于1931年3月和9月与国大党进行谈判。谈判只是表面上的，英国政府其实是加紧了对运动的镇压和分化瓦解，使得轰轰烈烈的文明不服从运动于1934年以失败告终。

非暴力方式的建国没有荡涤印度的传统因素，也没有彻底清算殖民统治的影响。印度非暴力方式的建国思想主要表现为甘地主义，甘地主义的基本点是宗教道德和政治的结合。[①] 它的核心思想始终是印度的民族传统思想，是在印度传统文化的基础上结合印度实际提出的一整套理论，以人道主义为核心，以"非暴力不合作"为斗争策略，提高了印度人民的自信心和自豪感，加强了民族凝聚力。[②] 甘地主义与武装斗争这种激烈的革命方式不同，一般来说武装斗争会造成社会结构的根本性变革，同时还能够通过武装斗争建立强大的军队以及强势的国家。非暴力的方式和武装斗争不同，它只能以群众运动的方式表现出来，很难在

[①] 彭树智：《东方民族主义思潮》，西北大学出版社1992年版，第128页。

[②] 张骥、张泗考：《印度文化民族主义及其对印度社会政治的影响》，《当代世界社会主义问题》2006年第1期。

这一过程中建立武装力量，也不会建立自己的政权。甘地主义思想在群众运动中的贯彻，还在一定程度上对群众运动的发展起到限制作用，对工农革命的发生有着消极的影响。在印度民族运动的斗争实践中，有几次非暴力不合作运动正在蓬勃开展时，甘地却因某些群众的"过激"行为而中止运动，由此极大地限制了群众运动的发展。① 正如林承节先生评论甘地的主张时所言："这种乌托邦主张只能起散布阶级调和幻想，阻止工农阶级发动的作用，其消极面是很突出的。"② 甘地认为"非暴力是以感化他人的能力为前提的"，③ 也就是说，对于"他者"的侵略，不是用反抗的方式，而要使用感化的方式使其妥协。这种非暴力的建国方式是不彻底的，最后印度只能以一种妥协的方式建立自己的国家，印度人民的自我认同也在这种思想的影响下，对"自我"与"他者"做了一种不彻底的区分。

也正是有了非暴力运动的思想与政治基础，印度人民和英国政府完成了最后的妥协，印度以英殖民帝国主导下的分治方案为指导而取得最终的独立。二战后，英国对殖民地的控制力急剧下降，迫于印度民族解放运动的强大压力，英国驻印度总督蒙巴顿提出一种据居民宗教信仰而"分而治之"的方案，即《蒙巴顿方案》。这一方案是印度和英国双方妥协的产物，也给后来的"印巴分治"埋下了伏笔。这一方案是由英国人主导的，虽然也比较符合印度国内实际的宗教情况，但对于印度来说终究是一个由"他者"主导的建国方案，其提出和实施都是很仓促的，而非基于印度人民对自己国家前途的深思熟虑。从印度来说，虽然在反抗英国殖民者方面，不同宗教信仰、不同宗族的人民尚能团结一致、共同对外，但是一旦胜利果实到手，在共同建国方面却出现了严重

---

① 朱明忠：《甘地的非暴力主义及其影响》，《南亚研究》2002 年第 2 期。
② 林承节：《殖民统治时期的印度史》，北京大学出版社 2004 年版，第 367 页。
③ 《青年印度》，1926 年 8 月 12 日，转引自朱明忠：《甘地的非暴力主义及其影响》，《南亚研究》2002 年第 2 期。

的分歧。对于印度应该成为一个什么样的国家，印度国内各个阶层的态度很不一致，国大党要求建立一个以印度教为首的统一的联邦国家；而穆斯林联盟则坚决要求建立两个独立国家，巴基斯坦和印度两国分治；印度共产党则强调直接选出一个中央制宪会议来解决制宪问题；而锡克教徒、低等种姓代表也都有各自不同的意见。[①] 这就反映出，印度人民作为一个整体，对于自己的国家还没有深入的认识和思考，对印度国家属性下的"自我"也没有一个统一的认识。印度教徒和穆斯林对国家的看法存在无法调和的差异与矛盾，国家身份的不同建构方式最终表现为两个不同国家的建立。

第三节　宗教立国与印巴分治：印度与巴基斯坦国家观念的形成

对英印当局的态度，国大党是相对温和的。英国殖民当局的统治政策虽然经常引发印度人民的不满和反抗，但国大党的政策基本上不与英国激烈对抗，只希望通过某种压力迫使英国当局做出让步。1905年，鉴于孟加拉地区的印度教徒和穆斯林的矛盾已经比较尖锐，英印总督寇松为了平息事端，采取了"分而治之"的策略，以居民的宗教信仰为依据，颁布法令将原英属印度孟加拉省分割为两省。这个方案遭到穆斯林的强烈反对，并引发一场以反对分割孟加拉为导火线的运动。虽然这场风暴遭到英国殖民当局的镇压，但是从后出者的视角来看，分割孟加拉所引发的连锁反应对后来的印度历史发展有关键性的影响。中国史学界从革命史观出发，将其作为印度民族斗争的一个新时期——民族革命

---

① 林承节：《殖民统治时期的印度史》，北京大学出版社2004年版，第471页。

运动时期的开端。① 关于其意义，学界已多有论述，此不详举。从本书的视角来看，此次事件最重要的影响在于全印穆斯林联盟在风潮中产生，而国大党与全印穆斯林联盟在领导独立运动过程中的相杀相爱史也就此揭开大幕。

1905—1908年印度民族解放运动风潮中产生的全印穆斯林联盟，最初并不是作为一个推进民族独立运动的组织出现在历史舞台上的。正如其名称所显示的那样，它具有鲜明的教派政治组织特点，把维护穆斯林的利益作为自己的最高目标。自成立以来，全印穆斯林联盟就积极地组织各种活动。根据林承节先生的归纳，主要是以下几类：第一，支持分割孟加拉，反对反分割鼓动和抵制英货；第二，把要求划分穆斯林单独选举区作为首要任务；第三，阻止穆斯林参加国大党，号召继续保持对英国殖民当局的忠诚。② 总体来看，穆斯林联盟成立之初实施的政策并没有以印度的民族解放作为目标，对印度民族解放运动所起的作用也相对负面。不过，自1913年开始，穆斯林联盟的活动方向发生重要的改变。在坚持教派主义原则的基础上，穆斯林联盟提出与国大党团结推进民族独立运动的问题，穆盟民族主义的倾向得到加强。经过一段时间的酝酿，两党通过协商，于1916年通过了《国大党—穆斯林联盟勒克瑙协定》，两党开始建立协作关系，实现印度民族独立也成为两党共同的目标。

这是穆斯林联盟政治方向的重大转变，原因在于：第一，20世纪初，特别是经过司瓦德西运动，资本主义关系在穆斯林中得到一定发展。尽管穆斯林联盟反对司瓦德西和抵制英货运动，但是依然有部分穆斯林参加，并从中得到益处。所以，到第一次世界大战前夕，穆斯林的资产阶级及其知识分子在伊斯兰教内已经是一支有力量的队伍。与封建主不同，资产阶级较多地感觉到与英国殖民统治者的矛盾，较多地看到

---

① 林承节：《殖民统治时期的印度史》，北京大学出版社2004年版，第222页。
② 林承节：《殖民统治时期的印度史》，北京大学出版社2004年版，第244—246页。

整个印度的无权地位，在他们的思想中，民族主义倾向逐渐加强，因而他们对联盟领导人执行的路线越来越不满。第二，殖民当局1911年取消对孟加拉的分割，使许多穆斯林对英国统治者的盲目信赖动摇了。分割或取消分割，对英国殖民者来说，都是从维护自身利益出发的。当初，穆斯林相信分割是殖民者为他们的利益着想，把殖民者视为知己；如今却看到，这个一再向他们保证"永不变更既成事实"的统治者，是怎样根据自己的需要，一夜之间就尽毁前言的。这件事使许多穆斯林有识之士看清楚了——原来英国殖民者关心穆斯林利益是假，追逐自己的利益才是真。这就促使许多人转而采取了反英立场。第三，英国对待西亚、北非穆斯林国家的态度令印度穆斯林感到气愤。最后，20世纪初，广大穆斯林下层群众的生活越来越贫困。

在这样的背景下，穆斯林联盟的政治方向发生了重大转变。自此以后，穆盟成为以维护穆斯林的利益为基础、以实现印度独立为目的的政治组织。实现这种转变的标志是穆盟新的决议中对政党努力的政治目标进行了明确界定。1913年3月22日，穆盟勒克瑙年会通过了要求印度自治的决议。决议规定，穆盟的奋斗目标是通过宪政手段争取"建立适合印度的自治制度"，并强调要"通过与其他教派合作来实现这一目标"。[①] 这是这个组织第一次提出民族主义的政治目标，标志着它的政治方向发生了根本性转变。以印度自治为目标，这就意味着它的活动已不限于为穆斯林争取更多的席位和担任文官的机会，而是提出包括穆斯林在内的印度人民掌握自己命运的问题；意味它的视野已超出本教派的狭隘范围，开始从印度民族的角度考虑问题；还意味着它的立足点已由与殖民当局合作对付国大党，转变为与国大党一起，共同提出民族要

---

① 王丽著：《国大党的兴衰与印度政党政治的发展》，厦门大学出版社2014年版，第19页。

求。① 值得注意的是，穆盟政治方向的转变并不意味着它不再是穆斯林的政治组织。它依然是教派的组织，维护教派利益的宗旨不会完全改变。更何况穆盟内部依然存在封建势力，而且它新的斗争目标在自治面前加上了"适合印度的"这个定语，由此暗示着穆盟对自治的解释有特定的含义，这与国大党要求的自治是有所不同的。这对穆盟本身的未来政治发展都产生了严重影响，并为穆盟与国大党实现真正的、持久的合作设置了障碍。

在英国殖民统治的背景下，穆盟与国大党还是有共同目标的，那就是摆脱殖民统治，以实现独立。这个共同的目标是二者合作的主要因素，在某些特殊的条件下，二者的合作能在这个目标的指引下达成，典型的事例就是两党对英国颁布的《蒙太古宣言》进行反击。一战爆发后，为获取更大范围的兵员、物资和资金支持以应付对德作战，英国宣布印度等殖民地也参加对德作战。战争中，英国加大了对殖民地的掠夺，印度也为此付出巨大的人力、物力、财力代价。国大党和穆斯林联盟对印度参战都持支持的态度，但印度国内的秘密革命组织和国外的印度革命组织不支持印度参与战争，更想利用英国参与战争而顾此失彼之际，伺机发动武装起义推翻殖民当局，以实现印度独立。这一系列反抗行动最后都以失败告终，但也给了国大党温和派、极端派以及穆斯林联盟很大的鼓舞。在这样的局势下，国大党完成内部的整合，并开始与穆斯林联盟进行合作，宣布两党共同为争取印度自治而奋斗。为了缓和印度社会的反英情绪，保证印度继续支持英国在欧洲的战事，英国时任印度事务大臣蒙太古于1917年发表了一个重要的印度政策宣言，即《蒙太古宣言》。②

---

① 这是引用钱雪梅的界定。参见钱雪梅：《穆斯林民族主义的形成——以巴基斯坦建国为例》，《世界民族》2016 年第 3 期。

② 庞海红、俞家海：《20 世纪英属印度省级行政区划改革探析》，《东南亚南亚研究》2012 年第 3 期。

在宣言中，蒙太古宣布："英王陛下政府的政策是，在印度政府各部门加强与印度人的合作；同时，作为英帝国的一个不可分割部分的印度，进一步实现责任政府，以及逐步向自治政府发展。"① 宣言的发表是印度民族独立斗争道路上取得的一个重要胜利。当然，这个宣言并不意味着英国准备很快承认印度自治，因为宣言连"自治"一词都没有使用；讲到目标是建立责任政府时，又规定为实现此目标要经过一系列宪政改革步骤，每一个步骤的内容及日程都要由英国政府规定。这个宣言与民族主义力量要求的自治还相距甚远。尽管如此，这个宣言毕竟是殖民当局首次宣布要在印度逐步实现责任政府，事实上是承认了要逐步给印度自治领地位。② 这表明，印度民族独立斗争的战略全局开始出现微妙的转折：印度民族运动的强大压力终于迫使英国转入战略上的逐步退却阶段。

第一次世界大战结束后，英国仍希望像战前那样统治印度，完全无意让印度实行自治。③ 对于这种结果，印度社会普遍产生一种英国殖民当局背信弃义的感觉，社会各阶层都无法接受。因此，一战结束后，印度社会的反英情绪空前高涨，甘地的不合作思想起着越来越重要的作用，甘地更是确定了在国大党中的领导地位。这标志着印度独立运动中甘地道路的确立，也就是说，国大党不仅确立了印度独立的目标，而且确立了以非暴力不合作的方式实现印度独立的道路。

1930年至1933年不服从运动的失败使甘地和国大党人都感到沮丧，低潮时期又到来了。这一时期国大党新的争论不是发生在主变派和不变派之间，而是发生在党内左翼和右翼之间。而甘地对两者都不满

---

① Edwin. S. Montagu, House of Commons, 20 august 1917. A. Berriedale Keith (ed.), Speeches and Documentson Indian Policy 1750 - 1921 Vol. II, Humphrey Mil - ford Oxford, 1922, p. 133.
② 冯晓霞：《试论一战后印度的宪政改革》，华中师范大学硕士论文，2005年。
③ 庞海红、俞家海：《20世纪英属印度省级行政区划改革探析》，《东南亚南亚研究》2012年第3期。

意，他要继续走自己的路，因此国大党的一致行动又宣告中止，党内重新出现不同的潮流。于是，甘地于1934年9月退出国大党，并选择尼赫鲁作为自己的接班人。在退党后，甘地便全力以赴从事建设性工作，包括提出取消贱民制，提出委托论以及建设乡村活动的计划。

20世纪30年代中期以来，印度政治舞台上出现一种突出现象，就是社会主义思潮蔓延。国大党内部也出现社会主义思潮，尼赫鲁就是这种思潮的代表性人物。在这种思潮的影响下，国大党内形成一个有组织的派别——国大社会党。在西孟加拉地区，出现了由国大社会党分裂出来的"革命社会党"，提出了争取在印度实现共产主义的纲领。[1] 1936年，国大社会党与印共建立了以争取独立和社会主义为目标的统一战线，不但为左翼的更广泛的联合提供了一个核心，还有力地促进了工农运动的发展。[2] 关于印度独立后的发展方向以及如何发展等重要问题，国大党内部也进行了多次探讨。以尼赫鲁、国大社会党为代表的党内社会主义派强调印度的国情是经济落后和大多数人口的极端贫困，印度独立之后，必须快速发展经济，追赶世界潮流。同时，经济的发展不致使财富越来越集中于少数人手中，使最广大的下层群众的经济地位得到改善。[3] 国大党内的社会主义派提出独立后要实现经济发展与社会公平相结合的目标。这表明，在实现独立的目标之外，还提出"建设什么样的印度"的问题。印度国家的蓝图也就更加充实丰满起来。

1930年至1933年的不服从运动失败后，英国殖民当局迫于压力，也通过法案对印度人民做了一些让步。1934年，英国殖民当局提出《印度政府法草案》，对印度的国家基本体制进行了规定，包括国家体制和省体制。对于国家体制，草案规定，印度实行联邦政体，即将英属印度和土邦联合起来，组成印度联邦；对于省体制，草案规定，实行省

---

[1] 培伦主编：《印度通史》，黑龙江人民出版社1990年版，第583页。
[2] 林太：《印度通史》，上海社会科学院出版社2007年版，第324页。
[3] 参见杨永平著：《尼赫鲁建国思想研究》，云南人民出版社2011年版，第60页。

自治制度，即通过选举省立法会议，由获得多数席位的印度政党组织省级政府。① 这是一个折中的方案，但并未满足国大党和全印穆斯林联盟的要求，两党均对这个草案表示反对。不过，草案最后还是通过了，后被称为《1935年印度政府法》。这个法案表面上对所有宗教持中立态度，但实际上印度教徒与穆斯林乃至其他教派的利益冲突并未消弭，将他们强行捏合进印度联邦其实并不现实。全印联邦事实上被搁置，分省自治制度得到实行，但也恶化了宗教冲突。由于穆斯林人口在印度不占优势，在分省选举中，全印穆斯林联盟没有在任何一个省获得多数席位。国大党虽然在多个省获得多数席位，但在建省问题上也困难重重。法案的通过与分省制的实施直接导致国大党与全印穆斯林联盟关系迅速恶化，两党开始以宗教为依据的对峙。第二次世界大战的爆发使两党对峙进一步恶化，最后穆斯林联盟在1940年的拉合尔年会上通过了把建立独立的穆斯林国家作为奋斗目标的《拉合尔决议》，印度穆斯林的离心倾向日趋明显。印度教徒与穆斯林人口的差距悬殊，代表着两教派利益的国大党和穆斯林联盟的矛盾，让他们无法在同一个平台上共同竞争。这种无法弥合的裂痕，让宗教信仰事实上成为印度建立两个国家的认同基础，宗教信仰也成为划分人群的现实依据。

第二次世界大战爆发后，英国政府在未经国大党和穆盟同意的情况下，于1939年单方面宣布印度参战。此后，印度成为英国兵力和物资的供应基地，为世界反法斯斯战争的胜利做出很大贡献。从全人类利益的角度看，印度参战似乎是理所应当的。但从印度的角度看，印度与法西斯国家之间本无瓜葛，参战带来的经济压力却是印度无法承受的。因此，印度各民族主义组织对英国当局无视印度民意，单方面宣布参战的行为十分激愤。国大社会党、印度共产党都通过了反战决议，并利用各自影响下的群众组织迅速组织并开展了以反战反英为主题的活动，全印

---

① 林太：《印度通史》，上海社会科学院出版社2007年版，第316页。

各地纷纷进行集会，批评英国作战目的不纯，号召印度人民团结起来，拒绝给英当局以任何帮助。受限于战争的紧迫形势，英国殖民当局做出让步，试图与国大党进行合作，以确保战时经济运行，也为国大党争取印度民族独立奠定了基础。

1945年，二战的结束给全球的殖民地半殖民地带来了国家独立的希望，印度人民也不例外，满怀信心地迎接自己民族斗争胜利的曙光。战后，印度民众的政治积极性空前高涨，不断发出民族独立的呼声，独立运动开始形成席卷全印之势。在这波风潮中，国大党和穆斯林联盟多方活动，宗教冲突和教派矛盾不时爆发，民众暴动、教派仇杀与军队哗变几乎同时发生。在局面近乎失控的情况下，刚刚从战火中脱身的英国政府无力应对，再加上世界殖民地半殖民地民族独立运动蓬勃发展带来的压力，英国的工党政府终于做出决断：接受印度独立的要求，准备移交政权。虽然这种独立难以让各方满意，建立统一的印度也失去了可能性，但无论如何，独立的印度国家建立的心愿终于要达成了。

总而言之，印度在反抗英国殖民统治的过程中确立了自身的建国道路，这是一条有印度自身特点的建国道路。和一般人的印象不同，尽管英国对印度实施了长达200多年的殖民统治，但这200多年来，印度思想家与政治家留下的著作中几乎从未出现"亡国"的主题。印度的政党，无论是国大党还是穆斯林联盟，也没有提出过"救国"这样的政治诉求。中国学者林语堂对泰戈尔思想的不解，恰恰说明了这种状态。在林语堂看来，泰戈尔与他"十二分的不合脾胃"，"在人家谈如何使印度成为独立强国时，泰氏也不讲武力抵抗，也不讲不合作，也不讲宪法革命，却来讲'与宇宙和谐'，'处处见神'为救国之基础"，"等到你修到'处处见神'的工夫（最快以一千年为期），印度早已不知道成个什么了"。[①] 其实林语堂所不能理解的，正是印度独立建国道路的特

---

① 林语堂：《论泰戈尔的政治思想》，《林语堂文集·有所不为》，北京联合出版公司2013年版，第94—97页。

殊性。印度曾经从历史与传统中寻求国家的基因，但其国家制度乃至国家的概念，总体来说都是从欧洲特别是英国移植而来并嫁接到印度传统的宗教信仰与社会制度之上的。领导印度独立的两大政党国大党与穆斯林联盟，虽然都可以归入现代政党的范畴，但它们其实都具有鲜明的宗教特征。他们所主张建立的国家，同样具有鲜明的教派主义色彩。两大政党引领下所形成的印度国家观，也具有典型的教派特征，这便是印度国家建构道路与众不同的特点。

　　印度独特的建国道路有两个值得注意的问题：第一是印度建国主要是由非暴力的方式实现的，这其实也是印度教徒与穆斯林之间教派冲突背景下较为理性的选择；第二是印度的建国方式是由英国殖民者主导的，这其实也与印度国家观念建构基础的不牢固有密切关系。这两个问题对印度国家身份的形成起着至关重要的作用，也对印度的历史发展影响深远。从某种意义上说，印度从殖民地变为独立国家的过程，并不是抵抗外敌侵略而完成国家复兴的过程，而是建立一个全新的印度国家的过程。这个国家是在殖民地的根基上生长出来的，而印度国家的历史与传统则是当时的思想家与政治家重新"发现"的。在这个"发现印度"的过程中，宗教成为最重要的资源。国大党与穆斯林联盟对教派异质性的过分强调也为印巴分离和冲突埋下了种子。

第四章／独立后印度政府对国家身份的界定及促进措施

1947年8月14日，尼赫鲁在印度独立日前夜的演讲中宣布："我们结束了一段倒霉的天运，印度再一次重新发现了她自己。"① 印度发现了自己，也开始了一段独立自主发展经济的美好旅程。印度作为国际社会的一员，真正摆脱了"他者"的控制，"以独立主权国家面目出现在世界政治舞台上"，② 实现了真正以"自我"方式存在的印度国家的独立。尼赫鲁正式宣布印度完成了对自身国家身份的界定，一个全新的印度国家正式建立了，印度国家也终于从蓝图变为实体。当然，印度独立国家作为政治实体，呈现的是一种独立国家状态；但是印度社会还需要进一步凝聚起来，印度国家身份的建构工作并未最终结束。

第一节　印度国家的建立与国家身份的界定

国家作为一种政治实体，完成对自身的建构不仅包括对国家的国体、政体进行规定，还包括对国家的中央权力结构、地方行政制度、国家的标志与象征以及国家的努力目标进行界定。一般而言，这些内容都

---

① 裴妮选编：《二十世纪著名演讲文录》，中国对外翻译出版公司2000年版，第161页。
② 陈峰君主编：《印度社会述论》，中国社会科学出版社1991年版，第37页。

会在一个国家的宪法中体现，在领导人的施政纲领中予以充实乃至修正。就印度而言，由于种姓、宗教乃至族群、语言等因素构成了多元的政治格局，独立后的印度需要一部宪法来协调社会各阶层的利益关系，达成各种政治力量的妥协，以保证国家的统一与团结。《印度宪法》虽然尚有各种不完善之处，但迄今已经使用了 70 多年，对印度国家凝聚力的维系而言居功至伟。

《印度宪法》规定了印度国家的性质和发展道路。《印度宪法》一开始即开宗明义地对印度国家的性质做了如下界定："我们印度人民已庄严决定，将印度建成为主权的社会主义的非宗教性的民主共和国。"①"我们印度人民"这个短语汇曾经无数次出现在甘地、泰戈尔、尼赫鲁等民族独立的先驱或者文化巨人的著作中。"印度人民"身份被庄严地写入宪法，表明以印度人为标志的国民身份建构已经顺理成章。根据尼赫鲁的设计，他要求实现全印度的统一，建立"大印度联邦"，使南亚次大陆成为"印度人的印度"。印巴分治虽然给了这个计划以沉重的打击，但《印度宪法》的理想仍旧是以大国梦想来支撑的。

根据《印度宪法》的规定，印度要建立一个纯世俗的共和国，世俗主义和民主、社会主义成为印度宪法的重要支柱和基本原则，被并称为印度的三面旗帜。②毫无疑问，《印度宪法》的这一说法，实际上就是印度国家性质以最高法律形式表达的一种自我身份界定。这一界定体现出印度人民对自己的国家有如下几点根本看法：

第一，对主权的限定，即印度是一个独立主权的国家。1947 年 8 月，印度虽然脱离了英帝国的殖民统治，获得了独立，但是按照《蒙巴顿方案》，英国国王仍然是印度的国家元首，其通过任命印度总督来代替自身对印度行使统治权。印度的这种独立并不是真正意义上的国家独立，不符合现代意义上的主权独立国家的基本条件，其还不是一个独立主权

---

① 姜士林等主编：《世界宪法全书》，青岛出版社 1997 年版，第 583 页。
② 邱永辉、欧东明著：《印度世俗化研究》，巴蜀书社 2003 年版，第 156 页。

国家，仍然带有很强的被殖民色彩，不符合印度人民对主权国家的期望和需求。因此，为了实现真正意义上的"我们"的国家由"我们"自己管理和统治，殖民者是"他们"，不属于"我们"，没有权利统治"我们"。1950年1月，《印度宪法》对国家主权进行明确的界定，废除了由英王任命总督的制度，选举印度公民担任自己的总统来代替总督作为印度国家元首。尼赫鲁政府于1950年选举出拉金德拉·普拉萨德作为第一位印度人的印度总统，实现了印度是印度人的印度，"我们"自己管理和统治"我们"自己。

第二，对国家性质的限定。印度将是世俗的、非宗教的民主共和国，因此从法律上保证了所有的公民平等地享有最基本的权利，这些权利包括了言论自由、宗教信仰自由、文化教育自由权和私有财产不可侵犯的权利。① 对此，有印度学者指出："印度宪法基本权利既反映了国父们将《人权宣言》基本原则列入印度宪法的急迫心情，同时反映了印度少数民族特殊问题和全面保护少数民族的需要。"② 虽然在反殖、争取民族独立过程中，不少国大党领导人试图以宗教作为区分"我者"与"他者"的标准，团结"我者"反对"他者"，如奥罗宾多·高斯、圣雄甘地等。他们"竭力将印度民族、民主运动建立在印度教的基础之上，宣传印度教的理想就是印度民族和社会解放的思想"。③ 这种将宗教引入政治运动的一个直接后果就是印度被撕裂成一个个宗教单位的"我们"与其他宗教单位的"他们"，从而造成信奉伊斯兰教的"他者"国家不同于信奉印度教的"我们"国家。印度独立后，为了摒弃以宗教为标准来区分"我"与"他"的做法，让所有的印度人都成为"我们"，印度政府采取多种措施清除印度教的种姓制度和陋习，如印度国会通过了决议案，宣布废除种姓制度，正式废除

---

① Burton Stein, revised and edited by David Arnold, *A History of India*, Published by John Wiley & Sons 2010, p. 385.

② Subhash C. Kashyap, *Our Constitution: An Introduction to India's Constitution and Constitutional Law*, National Book Trust, Second Edition, 1995, p. 87.

③ 刘乐土：《世界通史有图有真相（暮鼓卷）》，北京联合出版公司2013年版，第18页。

贱民制度，规定贱民和其他公民是一样的，可以像其他公民一样使用公共设施，可以进入庙宇进行宗教活动，不再受到任何限制。

第三，对国家将要走什么样道路的规定。为了既保证国有经济在重要部门的控制地位，又确保私有经济的重要地位，印度人民选择了混合型经济发展道路。① 刚刚摆脱英国殖民统治获得独立的印度，为了实现经济发展，尼赫鲁政府借鉴了苏联的经济发展模式，实行以公有制经济为主、公司合营的经济政策，重点发展重工业，希望以此来实现国家的现代化和工业化。这种经济模式虽然使印度经济在一定程度上实现了独立，摆脱了对英国的经济依附，但是由于其片面追求重工业的发展，忽视或者轻视了轻工业和农业的发展，结果印度经济结构失衡，国家债务增大，人民生活水平下降，经济政策的弊端与社会发展的需求之间的矛盾日益凸显。20世纪60年代末，印度政府开始根据实际情况对经济体制和经济政策进行调整——将原来强调发展公营经济转化为发展公私营经济相结合，将原来主要发展重工业转变为重工业、农业和轻工业的全面发展。同时，印度政府对进出口政策也有所调整，由限制进口主要依靠自身发展改为进出口同时推动的经济发展政策。这种经济发展模式被简称为"混合发展模式"，是适应印度生产力的，使印度走出了经济发展困境，促进了经济的进一步发展。这是基于当时的国际环境选择的一条折中的道路，《印度宪法》的这一界定体现了当时印度对于自身国家及其发展道路的基本方向的设计，特点在于"印度道路旨在将资本主义和社会主义的优势结合在一起"。② 这一特点结合了印度的实际，凝聚了印度人民清晰的自我认识。但同时也可以很明显地看出，独立后的印度最主要的国家身份选项（即资本主义和社会主义道路）都不是印度

---

① *The New Cambridge History of India: The Economy of Modern India, 1860—1970*, Published by Cambridge University Press, 2008, p. 169.

② ［瑞士］吉尔伯特·爱蒂安著，许铁兵、刘军译：《世纪竞争：中国与印度》，新华出版社2000年版，第83页。

自身所具有的，而是作为"他者"的两个超级大国的基本道路。印度道路实际上是参照了美苏两个超级大国或者说资本主义和社会主义政治阵营的政治制度而设计的，体现出身份建构过程中"自我"与"他者"之间清晰的参照关系。

《印度宪法》对印度国家、印度公民也有自己的限定。《印度宪法》所称之"国家"一词，"除文义中需另作解释者外，包括印度政府与议会，各邦邦政府与邦议会以及在印度领土内或在印度政府管辖下一切地方当局或其他机构"。对印度公民的限定则是"凡在印度领土内有住所，并在印度领土内出生者；或父母任何一方在印度领土内出生者；或宪法实施前夕在印度领土内正常居住不少于五年者，为印度公民"。① 对从巴基斯坦迁入印度的特定人的身份也做了特别规定："任何在本宪法生效时从现属巴基斯坦领土迁入印度领土的人为印度公民，如果（1）父母或者祖父母一方出生于1935年《印度政府法案》（系指修改前的法律）所界定的印度境内；且（2）A于1948年7月19日前迁入的，自迁入之日起经常居住于印度境内或者B于1948年7月19日当日或者之后迁入的，在本宪法生效之前已根据当时自治领政府规定的形式和方式提出申请，并被代表自治领政府的官员登记为印度公民的。任何人不得登记为印度公民，除非截止提出申请之日，其已在印度境内居住满6个月。"② 由宪法对印度国家及印度公民的身份所做的明确限定，可视为印度国家对自身身份认定的最权威结论。

印度独立以后，以尼赫鲁为首的国大党政府"提出颇能吸引人心和鼓舞民众的国家意识形态"，③ 对塑造印度国家性格和国民心态起了很重要的作用。"印度独立以后，以尼赫鲁为首的国大党政府把社会主义、世俗主义和民主政治作为建国的基本原则：在社会、经济政策方面，国

---

① 姜士林等主编：《世界宪法全书》，青岛出版社1997年版，第584—587页。
② 孙谦、韩大元编：《公民权利与义务》，中国检察出版社2013年版，第51页。
③ 孙士海：《印度政治五十年》，《当代亚太》2000年第11期。

大党高举社会公正、经济平等和建立福利国家的旗帜。尼赫鲁时期实行的许多重大内外政策，如不结盟政策、混合经济政策、自力更生政策以及'温和的'土地改革政策，本质上是一种民族主义和民主社会主义的混合物。在当时的印度，国大党的主张对它动员和吸引各个阶层选民的拥护和支持无疑起到重要的作用。"[1] 尼赫鲁政府处理重大问题时方法政策得当，强化了政府的治理能力。例如，1947年的印巴分治曾导致大规模的教派仇杀和难民迁徙，尼赫鲁政府比较顺利地安置了大约800万逃亡到印度的印度教徒和锡克教徒。再如，政府用和平的方式合并了全国大大小小550多个土邦，消除了封建土邦割据的状况，实现了国家的统一。此外，政府还镇压了由印度共产党领导的泰仑甘纳地区的农民武装起义，迫使共产党放弃武装斗争，采取了"通过投票箱取得政权"的方式。[2] 印度的文化价值观念也依托印度国家具体的政治社会建制得以传承与发扬。近200年的殖民统治导致的印度传统的社会结构的剧烈变迁和畸形发展，使得印度脆弱的共同意识在外国文化的冲击之下几乎烟消云散，印度社会的精神形态根本没有国家层面的依托。随着印度国家实体的存在与延续，伴随着这一实体而存在的政治体制、经济体制、社会政策等都成为构建现代民族国家身份的资源，印度各阶层对国家的看法也随之在一定程度上达成某种共识。

正如陈峰君先生所言，印度的独立是"印度发现了自己，世界同样也发现了印度"。[3] 我们不应忽略，随着印度国家实体的建立，"他者"对印度及印度人的认识也会随之变化。正是因为有了国家这一超出宗教和民族的实体，才有了外来者对这个国家和这个国家的人超越宗教、地域和民族的认同。尼赫鲁就指出，"一个印度的基督教徒无论到什么地

---

[1] 孙培钧、华碧云编：《印度国情与综合国力》，中国城市出版社2001年版，第232—233页。
[2] 孙培钧、华碧云编：《印度国情与综合国力》，中国城市出版社2001年版，第234页。
[3] 陈峰君：《发现印度》，《学习与实践》2003年第7期。

方都被看作一个印度人。一个印度的伊斯兰教徒在土耳其、阿拉伯或伊朗或其他伊斯兰教最有势力的地方也被看作一个印度人"。① 而尼赫鲁及其团队也在努力创造印度在"他者"心目中的大国形象。例如，在美国前总统尼克松看来，尼赫鲁的"一举一动表明，他希望世界真正把印度作为大国对待"。② 随着印度的独立，作为一个独立的主权国家而存在的印度已经是一个全新的印度了，它必须以一种新的姿态参与到国际事务中去，并促使国际社会也以一种新的方式来对待这个全新的印度。

第二节 印度政府强化国家身份的措施

尼赫鲁曾指出："我感到印度面临的任务不仅仅是发展经济，更是实现印度人民心理和精神上的整合。"③ 因此，印度在1947年摆脱英国殖民统治并建立独立自主的国家后，积极推行各种政策和措施，以加强"国家意识"，强化"国家认同"。我们认为，印度独立以后采取了一系列方针和措施来建设一个新的印度，包括政治、经济、文化和社会等方面，其中有部分是直接以建构国家身份为目标的政策，同时在各种其他的具体政策中，虽不以建构国家身份为直接目的，但在客观上起到了建构和强化国家身份的作用。

首先，进一步以"一个民族"原则来整合各民族。印度人种很多，民族繁杂，不仅不同的民族之间存在差异和相似之处，即使相同的民族也因生存环境的不同而呈现某些相似或不相似之处。印度学者夏玛认为，南亚的民族构成一直非常复杂，"为民族问题的研究提供了一个令

---

① [印] 贾瓦哈拉尔·尼赫鲁著，齐文译：《印度的发现》，世界知识社1956年版，第65页。
② [美] 理查德·尼克松著，尤勰等译：《领导者》，世界知识出版社1983年版，第312页。
③ Gopal Sarvepalli, *Jawaharlal Nehru: A Biography London*: Vol. 3. 1984, p. 22.

人着迷的实验室"。①"在印度,许多印度人与一些外国人的共同点要多于与其他印度人,比如,旁遮普人和西孟加拉邦人各自拥有与巴基斯坦人和孟加拉国人的共同点要多于与其他印度人。"② 印度民族这种独特性在一定程度上不利于各民族之间的相互融合,不利于形成所有印度人都认同的统一的国家的概念,"建立一个复杂大国是一个艰巨的任务,民族多样性的存在使这一任务变得尤其困难"。③ 独立时,印度之所以被分裂为印度和巴基斯坦两个独立的国家,也正是因为"全印穆斯林联盟"领导人很早就提出"两个民族"论,所以为了保证独立后的印度不再发生分裂,也为了更好地推进一个国家的理念,印度历届政府都刻意淡化印度各民族的多样性和民族差异,利用国家主义对多民族进行整合——既然印度现在是一个统一的国家,那么这个国家内的所有国民,不管他属于尼格利陀人还是达罗毗荼人,抑或是雅利安人,都应该属于同一个民族,即印度民族。尼赫鲁曾说过:"不管我们属于什么民族,什么信仰,不论我们走到哪里,我们都是印度人,世界其他国家的人也都认为我们是印度人。"④ 尼赫鲁及其继任者在执政期间,始终奉行以"印度人不分宗教、种族和种姓一律平等、自由"的民族主义原则来统一和复兴印度民族。人民党虽然是利用"印度教主义"兴起的,其强调印度教主义或者"印度斯坦",以宗教为划分民族身份的唯一标准,并将此作为一个战斗口号,把印度社会分割为印度教徒和非印度教徒两大种类,非印度教徒被排除在印度民族之外;但是自从它上台后,一直在竭力淡化自己的"印度教主义"意识形态,"力争以大印度主义代替

---

① S. L. Sharma, T. K. Oommen: *Nation and National Identity in South Asia*, Published by Orient Longman, New Delhi, 2000, p. IX.

② *Shashi Tharoor, India, from Midnight to the Millennium and Beyond*, Published by the Penguin Group, India, 2007, p. 2.

③ [美]菲利克斯·格罗斯著,王建娥、魏强译:《公民与国家——民族、部族和族属身份》,新华出版社2003年版,第9页。

④ *Modern History Sourcebook: Jawaharlal Nehru (1889 - 1964): Speech on the Granting of Indian Independence*, August 14, 1947, http://www.fordham.edu/halsall/mod/1947nehru1.html.

印度教沙文主义，努力回避党纲中'建庙、废宪和统一民法'的纲领"，①力图维护文化上的"多样中的统一"，同时为了获得低种姓的支持，还推选来自南印度的贱民种姓的人为党主席。2017 年，贱民出身的考文德当选印度第 14 任总统，并且宣布穆斯林可以加入人民党等。巩固"一个印度民族的概念"，团结所有印度人，提高所有印度人对国家的认同感，这是印度政府长期以来致力的方向。

其次，以"世俗化"来消除各宗教间的矛盾，加强统一的国家认知。印度是一个有着多元宗教信仰的国家，据称今天的印度更是一个全民信教的国家。② 据印度的人口数据统计资料显示，印度的绝大多数人是宗教信仰者，如表 4—1 所示：

表 4—1　印度人口和宗教信仰者数据表　　　（单位：千）

各宗教信仰者（Religious Communities）	1961	1971	1981	1991	2001
所有宗教（All）	439,235	547,950	665,288	838,584	1,028,610
印度教徒（Hindus）	366,527	453,292	549,779	687,647	827,579
穆斯林（Muslims）	46,941	61,418	75,512	101,596	138,188
基督徒（Christians）	10,782	14,223	16,165	19,640	24,080
锡克教徒（Sikhs）	7,846	10,379	13,078	16,260	19,216
佛教徒（Buddhists）	3,256	3,812	4,720	6,387	7,955
耆那教徒（Jains）	2,027	2,605	3,206	3,353	4,225
其他宗教信仰者（Others）	1,499	2,186	2,766	3,269	6,640

注意：1. 2001 年的统计数据不包括来自于茂马兰（Mao Maram）地区、保马塔（Paomata）地区和曼尼普尔区的塞纳帕提分区（Purul sub-divisions of Senapati district of Manipur）的统计。

2. 从 1961 年至 2001 年的统计数据不包括对阿萨姆地区（Assam）和查谟克什米尔地区（Jammu & Kashmir）的统计。

资料来源：印度时报网站，1961 年至 2001 年印度人口与宗教比较，http://hinduism.about.com/library/weekly/extra/bl-population2.htm。

---

① 薛克翘：《印度民族凝聚力问题浅说》，《南亚研究》2002 年第 2 期。
② 邱永辉：《印度宗教多元文化》，社会科学文献出版社 2009 年版，第 35 页。

从2001年的数字可以看出，印度大多数人信仰印度教，人数达8亿多，但其他宗教的信仰者也很多，穆斯林超过1亿，基督教徒超过2000万，锡克教徒有近2000万。不同的宗教信仰一方面会产生不同的身份认同和不同的归属范围，同一宗教信仰的人们更容易引发共鸣，并产生群体意识，例如基督教就宣称世界上所有信仰基督教的人是兄弟姐妹，而不管你是亚洲人、非洲人或是欧洲人，也不管你是白人或是其他人种。另一方面，不同的宗教信仰之间存在差异甚至会相互排斥，而这种差异往往很容易引发整合危机。宗教认同与民族国家的认同是两个不同层面的认同，因此宗教认同可能与民族国家认同保持一致，也可能不一致，甚至可能背道而驰。宗教引发的认同冲突充斥着印度的历史和现实生活，因此印度在1950年颁布的宪法中就明确规定印度是一个世俗主义国家，"我们印度人民已庄严决定，将印度建成为主权的社会主义的世俗的民主共和国"，① 并在1976年颁布的第4次宪法修正案中再次明确宣布印度是一个"独立自主的、社会主义的、世俗的、民主的共和国"，即国家在不同的宗教关系中持中立的立场，平等地对待所有的宗教。印度实行政教分离，建立世俗主义的政府，政府不是哪一个宗教派别的代表，都不受任何宗教派别的影响和掣肘，而是要凌驾于所有宗教之上，制定国家政策时着眼于全体国民的利益，而不是宗教派别的利益。同理，任何宗教派别或宗教组织不能以任何理由干涉政府政策的制定和实施，所有的宗教组织和派别只能从事与宗教相关的事务，不能染指政治。同时，给予落后种姓和宗教少数群体在就业、教育等各个方面的特殊照顾。这些努力促进了印度的世俗化，在过去的几十年中，印度不仅产生了信仰印度教的萨瓦帕利·拉达克里希南总统，还产生了信仰伊斯兰教的阿卜杜尔·卡拉姆总统，甚至产生了印度历史上第一位女性总统——普拉蒂巴·帕蒂尔，更不用说其他政府官员了。而且，印度实

---

① 姜士林等译：《世界宪法全书》，青岛出版社1997年版，第583—587页。

行的世俗化政策更有助于整合印度人民，提高和加强印度人民的国家观念和国家认同。

第三，确立全国通用的语言，加强各地间的交流，增强国家认同。"印度共有 1652 种语言和方言，其中使用人数超过百万的多达 33 种"。① 另一种说法是，在印度，"使用人数超过百万的语言多达 35 种"。② 可以说，印度每一个地区都有自己的语言，如喜马偕尔邦主要使用印地语，但是与它相邻的旁遮普邦却使用旁遮普语，拉贾斯坦邦使用的则是拉贾斯坦语等，甚至同一个地方也有好几种语言，如阿萨姆邦就有阿萨密语、孟加拉语、英语以及各民族各地区的独特语言。那加兰邦也拥有众多语言，正如刘国楠和王树英在《印度各邦历史文化》一书中所说的那样："那加兰邦的语言也表现出极不统一，可以说有几种民族就有几种语言。"③ 因此，在那加兰邦，如果不是同一个民族的人，即使居住在同一个地方或者居住在同一个家庭中，也无法通过语言进行交流，彼此不明白对方所表达的内容，而只能靠手势进行基本的沟通和交流。由于语言的不同，甚至产生了敌对的文化，这在某些方面有可能阻碍印度各地区之间的交流与沟通，导致各地区形成独立的认同感和归属感，不利于形成全国范围内一致的文化认同和心理归属感，从而影响国家的统一与团结。领导早期民族独立运动的知识分子意识到语言的重要性，因此他们在传播民族独立思想、争取民族独立过程中就有意识地使用民族语言，如甘地在 1917 提出确立国语的五条原则，④ 促进印地

---

① 中华人民共和国驻印度大使馆材料，http://www.China embassy.org.in/chn/ssygd/yd/ydmzyyzjzx/default.Htm。

② Shashi Tharoor, *India, from Midnight to the Millennium and Beyond*, Published by the Penguin Group. 2007, p. 123.

③ 刘国楠、王树英编著：《印度各邦历史文化》，中国社会科学出版社 1982 年版，第 31 页。

④ 五个基本原则为：1. 能成为简洁易学的行政用语的语言；2. 能成为全印度宗教、经济、政治交流媒介的语言；3. 应该是印度多数居民的语言；4. 对全体印度人民而言，这种语言应该简单易学；5. 确定国语时不应仅考虑眼前利益和私利。参见廖波：《世纪国语路——论印度的国语问题》，《世界民族》2013 年第 1 期。

语成为全国通用语言，以便交流和沟通，加强印度国家认同。

　　印度独立后，政府更是积极通过各种方法来推进"语言一体化"，促进各地间的沟通和交流，强化国民对国家的认同感和归属感。1950年，《印度宪法》规定印地语和英语是官方语言，并明确提出15年内使印地语全面取代英语的目标，印度政府更是一直致力于"使印地语逐渐成为印度各民族通用的交际工具"。[①] 1968年，印度政府修订了《官方语言法》，再次确定印地语为印度官方语言，同时规定英语为印地语的辅助官方语言。除了通过法律来确定全国通用的印度语言外，印度政府更是使用各种具体的行政手段来推动语言一体化的发展。如印度立宪会议于1949年9月14日首次提出将每年的9月14日作为印地语日。每年9月14日前后1—2周，印度全国举行各种纪念活动等。政府的各种文件、法律、法规等都有印地语和英语两种印刷版本，为逐步扩大印地语的使用范围，更在全国各地的车站、机场、界碑等使用印地语文字书写，尤其是最近印度的影视作品基本上使用印地语配音，这些措施大大提高了印地语在全国的使用率。1991年，全国共有50.98%的人口使用印地语，其中42.22%的人口把印地语作为第一语言使用。到了2000年，印地语除作为国家的官方语言外，还有13个邦和直辖区将其作为官方语言，9个邦将其作为主要地区性语言。[②] 2010年的人口普查中，使用印地语的人数达到5.514亿，占印度总人口数的一半多。其中，4.22亿人的母语是印地语，9820万人把印地语作为第二语言，3120万人把印地语作为第三语言。[③] 在大众媒体（如电影、广播、电视、报纸、杂志等）中，印地语已成为真正的全国通用的语言。共同的文化在

---

　　① Mallikarjun B, *Fifty Years of Language Planning for modern Hindi*, Language in India, 2004 (11), http://www.language in India.com/index.html.

　　② 参考 Bipan Chandra, Mridula Mukherjee, Dditya Mukherjee, *India after Independence 1947-2000*, Published by Penguin Books, India, 01 - Nov. - 2000。

　　③ http://articles.Times of India.India times.com/2010 - 03 - 14/india/28117934_1_second-language-speakers-urdu.

很大程度上来源于有共同的语言，而共同的文化产生共同的归属感，这大大加强了印度人民对彼此和对国家的认同。

第四，统一的全国行政体制有利于从政治上促进统一的国家认识的形成。印度历史上从来没有实现过全国性的统一行政权，有的只是各自为政的独立或半独立的小王国及土邦，土邦与土邦之间、土邦与中央政府之间的联系非常松散，土邦或王国内的居民一般情况下仅属于特定的土邦，也只认同特定的土邦或王国，因此印度在历史上没有统一的国家意识和国家认同。为了促进统一国家认同的形成，印度独立后选择了带有很强中央集权性质的联邦制作为国家政府的组织形式。印度的联邦制共设置了35个地方一级行政单位，可以分为三类：邦、联邦属地和联邦首都辖区。其中，邦有28个，联邦属地6个，再加上1个联邦首都辖区（即德里辖区）。在制定《印度宪法》的时候，对于邦长的产生和权力范围有过两种方案：第一种方案是邦长由拥有邦议会选举权的全体选民直接选举产生。这种方案一度占据上风，但尼赫鲁从防止国家分裂的大局出发，否决了这个方案。第二种方案是联邦总统从邦议会议员间接选举出的四名候选人中选择一名予以任命。这种方案有利于中央政府控制邦长的人选，能够有效防止国家分裂，还能保证担任邦长的人选是真正出类拔萃的人。不同于一般强调地方权力的联邦制，印度的联邦制地方政府的权力相对较小，而中央的权力却很大。这种独特的联邦制在一定程度上能保证印度中央政府掌握全国资源，从全国性的视角来处理各种问题，如印度政府在全国实行统一的宪法、单一的国籍、单一的司法体系、统一的公务员系统，废除土邦王公的特权和年金，彻底取消了对土邦王公的认可及其特权。联邦政府更是通过五年计划、税收管辖权分配、财政资源转移、年度预算等形式加强了对各邦的控制。把各个分散的邦联合起来置于中央政府的控制之下，削弱了各邦的相对独立性，增强了各邦间的交流与合作，促进了统一国家认识的成长，加强了人们对统一的国家的认同与归属。

历届印度政府一直在采取措施加强印度的国家认同，并获得一定程度的成功。用英国学者特雷弗·菲希洛克对英迪拉·甘地夫人的评价来表述或许更为恰当："她的成就在于加强了印度对自身的看法，加强了印度的统一特性（尽管关系紧张、差别悬殊），加强了印度在世界上的地位。"[1] 这一评价，对于印度历届政府或许都是适用的。或者说，以英迪拉·甘地为代表的印度历届政府都在努力强化国家身份认同，并通过这一措施巩固印度国家的统一，加强印度在"他者"心目中的地位，提升印度的国际地位。

第三节 不断变化着的印度国家身份

印度建国距今已经超过70年，随着印度社会的发展和国际局势的变化，印度今天的状况已经和建国初期大不相同。在印度数十年的发展历程中，经济、政治、文化等各方面都经历了一定程度的转型。独立以来，无论是印度政府还是印度人民，对国家的看法一直在发展变化，印度国家身份也处在不断变化中。独立后的印度历史实际上就是印度国家对自己的身份进行反复构建、不断定位的历史。

从政治方面来看，尼赫鲁时代在执政方式上虽然奉行多党制，但国大党在独立后的很长时间里都是一党独大。当时国大党甚至成为这个国家的象征，正如赫尔曼·库尔克指出的，"国大党是这个新成立的共和国的主要支柱，而它也或多或少被等同于那个国家"。[2] 但是在20世纪80年代以后，印度便没有了在议会中占绝对优势的政党，印度民主制

---

[1] ［英］特雷弗·菲希洛克著，袁传伟、任荣康译，张荫桐校：《印度人》，上海译文出版社1990年版，第9—10页。

[2] ［美］赫尔曼·库尔克著，王立新、周红江译：《印度史》，中国青年出版社2008年版，第383页。

度面临前所未有的变数。不过，多萨尼认为，在这种变化中，印度农村"通过投票找到共同的声音"，"这才是国家认同形成过程中关键的一步"。① 自1947年独立后，印度的历届政府都是通过民主选举上台的，从未有过军人干政的现象。② 这一点，印度周边的巴基斯坦、缅甸，乃至稍远的泰国、印尼都未能做到。亨廷顿也对印度的民主制度予以高度肯定："有的国家就现代化而言可能还相当落后，然而它却在政治上是高度发达的，具备着现代化的政治制度。印度是这样一个典型的例子。"③ 印度不断发展的民主制度保证了国家政权的平稳更迭和政府组织的合法性，这使得民选政府在一定程度上代表了较为广泛的民意，表现大众的意识对各种社会矛盾的缓冲力和调节力。2004年，异国女子、信仰罗马天主教的政治领袖索妮娅·甘地为锡克教徒曼莫汉·辛格让路，而后者得到穆斯林总统卡拉姆的任命，这种有趣的现象也许是印度民主制度新变化的重要标志，也体现出印度民主多样性的独特魅力。辛格之后，纳伦德拉·莫迪担任印度总理，有媒体称莫迪为"非典型印度政客"，是印度极少数从未卷入过贪污丑闻的政客。在莫迪的支持者眼中，"高效、果断、廉洁、以解决问题为己任"这些和印度政客丝毫沾不上边的形容词正是对莫迪最好的诠释。④

经济方面，20世纪90年代初，印度在经历了一次严重的经济危机后，拉奥政府推行全方位的新经济改革，这种经济上全方位的变革对于印度国家身份的建构而言意义重大。印度的经济模式自20世纪90年代以来"已经从尼赫鲁时代的旧模式中走出，并向自由市场经济模式过渡"。这种模式的转变，与印度参照"他者"的发展模式以及与"他

---

① ［美］拉斐奇·多萨尼著，张美霞、薛落然译：《印度来了》，东方出版社2009年版，第8页。
② 齐世荣、廖学盛：《20世纪的历史巨变》，学习出版社2005年版，第379页。
③ ［美］塞缪尔·P.亨廷顿著，王冠华、刘为等译：《转变社会中的政治秩序》，生活·读书·新知三联书店1989年版，第78页。
④ 袁源：《莫迪：印度"非典型"政客》，《国际金融报》2014年3月10日，第7版。

者"的竞争关系密切。"苏联和东欧社会主义国家的解体，中国加大改革开放步伐走中国特色的社会主义道路，无疑也迫使印度重新思考印度原来带有社会主义色彩的发展模式。"① 印度新的经济发展模式以及有关政策的制定，无疑是印度在参照"他者"发展并结合自身实际的基础上重新建构出来的。

思想文化方面，印度在尼赫鲁去世以后，"就已经不存在具有号召力的思想家、哲学家，因此思想呈现出群龙无首的混乱状态"。② 1991年印度改革开放以后，印度出现了宗教热不断升温的现象。③ 综合起来看，印度在尼赫鲁去世以后，民族、宗教、文化各方面都呈现出多元化特点，这是印度国家身份建构发生新变化的表现。印度文化本身具有的复杂性与包容性正塑造着印度的民族精神，保持着印度发展的航向；但也正是文化的复杂和多元，使得印度国家身份的建构充满变数。数千年来形成的王国林立和地区政治势力割据的状态，在印度人的意识中铸造了根深蒂固的地区意识、种族意识和语言意识，塑造着不同的文化认同，这也是印度文化多元性和分散性的具体表现。随着印度的发展，印度文化中的多变性因素也会起作用，印度国家身份的变化亦在文化冲突与融合的契机中展现出多样的色彩。

国际局势方面，随着冷战的结束，国际局势发生了深刻的变化。印度在面对不断变化发展着的"他者"的同时，也在重新建构着自我，印度的国家身份亦随着时代的发展和国际局势的变化而有了一些新的特征。冷战期间，印度虽高举不结盟的大旗，但当时的不结盟是不彻底的，是带有强烈意识形态色彩的不结盟政策。整个冷战期间，印度的外交政策带有明显偏向苏联而相对疏远西方的色彩。冷战结束后，鉴于印度在南亚的实力以及独特的地理位置，美国加强了对印度的拉拢。同

---

① 陈峰君：《论印度模式及其转型》，《南亚研究》2000年第1期。
② 薛克翘：《印度独立后思想文化的发展特点》，《当代亚太》2004年第4期。
③ 薛克翘：《印度改革开放以后的文化变迁》，《当代亚太》2003年第8期。

时，印度根据形势变化，及时调整自己的外交政策，淡化之前注重的意识形态色彩，采用更加灵活、务实的外交政策，改善、发展与世界上各个国家的双边和多边关系，在巩固与俄罗斯的传统关系的基础上，重新定位自身在国际体系中的地位，以"世界上人口最多的民主国家"的身份积极发展同美国等西方国家的关系，并试图真正扛起第三世界领导者和不结盟集团领袖的大旗。"9·11"事件后，印度更加积极地参与G20、金砖国家、南盟等国际组织的活动，并积极筹划"入常"，试图在国际事务中有更大的作为，这些都体现出印度国家身份的新定位。

不过，印度国家身份的不断变化只是问题的一个方面，印度国家身份的建构还有其稳定性的一面。印度悠久的历史和印度人强烈的民族自尊心使得他们格外珍视自身的历史文化传统，印度国家身份的建构也打上了深深的传统烙印。印度学者拉吉尼·可塔利曾经说，"印度人对现代性的反应是保持印度的印度性，重新阐述这种印度性，赋予它新的特征"。① 也就是说，印度人的国家身份建构要保持印度独特的传统价值，同时也要接受现代的新事物并将其融入这一传统价值之中。或许，这种变化中的不变也是印度国家身份的独特之处。

总之，随着印度的独立，如何塑造一个成功的国家便是这个国家的基本任务。从独立后的《印度宪法》可以看出，印度国家制度是一套以殖民时期的政治制度为蓝本，又结合了印度独特的历史与传统，并参考了世界其他国家的政治制度建立起的，以现代政治体制为基础，兼具印度特色的国家体制。从逻辑上说，建立一套国家制度是一个方面，这只是表明国家机构这套实体已经建立；另一个方面是如何通过这套国家体制团结印度人民，凝聚力量为印度国家而奋斗。只有有效地凝结民心，才能让人民的国家意识落实到日常生活中，这也是强化国家认同的关键之一。这两个方面能否很好地结合，能够很好地说明这套国家体制

---

① Rajini Kothari: *Politics in India*, Orient Longmans Ltd. New Delhi, 1976, pp. 85-86. 转引自孙士海主编：《印度的发展及其对外战略》，中国社会科学出版社2000年版，第265页。

的适用性与实施效果。两者结合得好与坏，对国家认同的建立具有决定性意义。

　　与殖民时期不同，建国后的印度要完成可以用国家的力量来促进国民的印度认同的任务。当然，虽然有国家力量，但这个任务并不轻松。印度建立的时候，其国内问题的复杂性可能是全世界都非常罕见的。印度国家建构不仅要让"印度人"团结在印度国家的旗帜之下，还要让印度国家成为"有声有色的大国"。印度的建国精英对自身有着较为清醒的自我定位——既有对当下实现社会稳定、强化族群凝聚的政策，也有对未来的明确规划；既有大国眼界，也有称霸的雄心——这是印度国家身份建构的高妙之处。印度独立70余年以来，建国之初确定的国家体制经历了严峻的考验与挑战，越来越得到广大民众特别是中产阶级的认同与支持。几十年来，印度政府更迭频繁，但每一次更迭都是按照宪法规定的民主程序进行的，没有影响到政治局势的基本稳定。目前，执政的莫迪政府在议会中控制着稳定的多数，其治国方略是积极扩大对外开放，稳步推进经济改革，大力推进大国外交，不断扩大军事实力。印度能在国际舞台上享有较高声誉，其国家体系的稳定功不可没。

第五章／数十年的发展与印度国家身份的挑战

印度人"对自己国家形象的感觉，出于他们对于像深渊与高峰那样对立的严酷矛盾的承认"。① 印度是一个复杂的国家，印度人的心理也是复杂的，其国家认同更是非常复杂的。在一个极其复杂的国家实现民族凝聚，让民众形成强烈的国家认同，本身就不是一件可以在短时间内完成的事情。在印度独立后 70 余年的发展过程中，无论是政治纷争、教派矛盾还是经济社会发展的不平衡，甚至是国际局势的变化，都有可能加剧其族群裂痕，撕裂印度社会的国族认同。国家身份的挑战一直伴随着每一届印度政府，也与印度人民的生活如影随形。

第一节 政治的不稳定性与国家身份

在独立的过程中，印度逐步建立起具有自身特色的议会民主制的政治体制。此后 60 多年里，印度的政治体制基本保持着较为稳定的状态，印度各项国家制度基本定型，国家实体也是比较稳固的。印度独立后，通过各届政府的努力，国家观念虽得到进一步加强，但是印度复杂的历史、现实原因，尤其是根深蒂固的种族、宗教矛盾等，不仅对印度的社

---

① ［美］特雷弗·菲希洛克著，袁传伟、任荣康译：《印度人》，上海译文出版社 1990 年版，第 3 页。

会稳定产生消极影响，而且会损害印度"国家意识"的发展。印度"民主政治的质量还不算高，现代政治制度与传统社会结构的矛盾使印度的政治发展产生了诸多弊端"，印度的"政治力最突出的弱点是缺乏民族的凝聚力和社会政治的不稳定性"。① 国家政治运行过程中缺乏民族凝聚力正是印度国家认同发展程度不高的重要表现，印度政治本身的弱点对统一的印度国家认同产生了消极的影响。

首先，西方民主制度有其固有的缺陷，且印度移植的民主制度并不彻底，导致弊端丛生。国大党在1967年的大选中遭到严重挫折，1969年又在其选定的一些邦的选举中再次全面败北，标志着国大党一党独大的局面结束了。"这毫不留情地提醒后尼赫鲁时期国大党的新领导人，他们在国家发展问题上的话语权被全国选民拒绝。"② 国大党失去统治地位的原因当然很复杂，但对印度社会的复杂性应付不足是重要的原因。在1967年的选举中，反对党组成了反对国大党的联合阵线，为了战胜国大党，它们之间在分配席位方面进行了调节，避免相互竞争，一定程度上避免了反对党之间的相互竞争。③ 国大党则在凝聚各方力量方面做得很不成功，以至于被各方力量针对。这样一来，本就纷繁复杂的印度社会在选举中被撕裂，以国大党为中心的政治标杆就此轰然倒下。

国大党一党独大的局面结束，并没有让印度的政治向更好的方向行进。其党派政治的复杂性，在一定程度上影响着印度的稳定和统一，同时影响着国家身份认同。随着国大党执政地位的动摇，从20世纪70年代中期开始，国大党为了扩大票源，转向动员下层民众参加投票，结果带动整个印度的民主体制朝着民粹主义的方向发展。其他政党也是如此，为了获得选票，政客们打族群牌、宗教牌、种姓牌、地区牌，使印

---

① 孙士海：《印度政治五十年》，《当代亚太》2000年第11期。
② [美]吉奥迪林德拉·达斯古普塔，牟效波等译：《印度的联邦设计和多元文化的国家建设》，科利编：《印度民主的成功》，译林出版社2013年版，第76页。
③ 洪共福：《印度独立后的政治变迁》，黄山书社2011年版，第99页。

度的政治日益宗教化、种姓化、地区化，导致民粹主义泛滥。① 印度社会的复杂性和印度在宗教、种姓制度方面根深蒂固的传统，使得印度的利益群体非常复杂，各群体之间的利益取向也异常混乱。各个族群之间的利益取向难以达成一致，就势必难以形成统一的国家意识。印度的党派政治中缺乏一个强有力的政党对印度各方力量进行有效的整合，社会意识形态的裂痕难以弥补甚至继续扩大。印度选举制度之下的政权更替虽然较为平稳，但还远远谈不上稳定。20世纪末的印度政坛更是群雄争霸，烽烟四起，大选频繁举行，内阁走马灯般交替。从1989年12月到1999年4月的十年间，印度共举行了五届大选，走马灯一样换了八届中央政府，其中六届只执政了一年左右便倒台了，最短的只执政了13天。② 政权频繁更替的背后，是社会的撕裂和族群冲突的难以弥和。在这个问题上，孙士海深刻地指出："在当今的印度，由于民主政治制度下选票政治的作用，社会的分裂性甚至得到强化。在过去的几十年中，印度政府的最大失误就在于没能创建出一套能够整合和凝聚不同社会集团的思想文化体系和国家意识形态。"③ 显然，在印度现有的政治体制下，没有也不能创造出"一套能够整合和凝聚不同社会集团的思想文化体系和国家意识形态"，这对于统一的印度国家认同的强化是不利的。这是因为，选举政治的背后是利益之争，这在资本主义国家几乎已经成为痼疾。印度的大多数政党将选举政治置于高于一切的地位，不管国家的整体利益，不计党的意识形态，不顾选民的实际关切，不择手段，一切以选举获胜并掌权为最高和最终目标。杨翠柏敏锐地看到，伴随着印度选举政治而来的，是政治"三化"现象日益严重，即"黑金化""罪犯化"和"暴力化"。④

---

① 张维为：《印度民主综合征："散、软、短、泛、粹"》，《中国震撼三部曲：中国震撼·中国触动·中国超越》，北京世纪文景文化传播公司2016年版，第193页。
② 杨翠柏：《南亚政治发展与宪政研究》，巴蜀书社2010年版，第36页。
③ 孙士海：《印度政治五十年》，《当代亚太》2000年第11期。
④ 杨翠柏：《南亚政治发展与宪政研究》，巴蜀书社2010年版，第37页。

其次，印度时常发作的地区分裂主义对国家统一构成严重威胁，影响着国家身份的自我建构。由于特殊的历史原因，印度在独立之前，中央权力一直很薄弱，各地方势力则相对来说很强大。印度独立后，虽然实行联邦制的国家结构，并接受了地方势力的部分要求，如按照语言建邦、在民族聚居地建立自治政府等。但是，联邦政府为加强国家的统一而采取的中央高度集权的做法，使中央与各邦的矛盾一直比较突出，许多代表地区种族主义势力的政党要求扩大自治权的呼声一直存在。[①] 印度的地区政党一般代表某一邦的地区利益或者某一特殊种族——语言、宗教或种姓集团的利益，因此在地方上有着深厚的社会基础。在某些邦，如泰米尔纳杜邦、印控克什米尔和西北部地区的所有邦，全国性政党的力量基本上没有什么影响。一些所谓的全国性政党，如大众党（BSP）、人民党（Janata Dal）、平等党（Samata Party）、印共（毛）和印共（马）实际上也只具有地区特征。20世纪80年代以来，越来越多的地区政党的实力和影响力不断增强，有的在本邦建立了政权，有的成了邦内最大的在野党。从90年代以来的几次大选结果可以明显看出，地区政党在中央的力量也在不断增强。地区政党在人民院的席位从1991年的55席增加到1996年的110席、1998年的168席和1999年的222席，得票率也从1991年的5.1%增加到1999年的23.6%。[②]

地区政党势力的上升大大削弱了全国性政党的势力。地方与中央天生的矛盾使得地方与中央总是处于有限的资源争夺之中，地方势力的增加势必会削弱中央的权力。地方势力的增强和中央权力的降低有可能导致地方性政党执掌中央政权。杨翠柏就发现，从20世纪70年代起，特别是在80年代和90年代，涌现出一批代表地方利益和低种姓利益的政党，它们积极参与选举，实力和影响力不断增强，对印度民主政治产生

[①] 孙士海：《印度政治五十年》，《当代亚太》2000年第11期。

[②] Nagindas Sanghavi & Usha Thakkar, *Regionalization of Indian Politics*, Economic and Political Weekly, February 2000, pp. 12-18.

越来越大的影响。地方政党和低种姓政党不仅在邦议会选举中获胜,在本邦建立政权或成为邦内最大在野党,而且在人民院选举中的席位也不断增加,对中央政权的影响不断增强,杨翠柏认为"印度政治进入基层化和多元化的新时代"。① 由于地区政党在人民院获得的席位越来越多,印度在1989年就开始出现联合执政的局面:一方面,全国性政党的政治空间被占领,大大增强了中央政府对地区政党的依赖性和小党为了地区的利益向中央政府讨价还价的能力,导致中央对各邦控制能力的削弱;另一方面,国家的一部分权力从中央向地区转移,形成邦政府权力坐大的情况,可能会导致政治趋于不稳定,甚至出现地区分离主义倾向。众所周知的地区分裂运动有20世纪50年代就开始的泰米尔纳德邦的独立运动,60年代中期印度东北部地区的那加人和米佐人先后掀起的反叛活动,70年代末该地区的特里普里人和阿萨姆人爆发的种族暴乱和80年代初期西北部地区旁遮普邦锡克人的暴力冲突。与此同时,印控克什米尔地区克什米尔人的暴力活动也不断升级,到80年代末形成大规模的武装反叛。除此之外,印度还存在一些规模较小的部族骚乱,如廓尔克人和贾坎人的骚乱(Jharkhand Movement)等。这些种族或部族都向中央政府或邦政府提出过地方自治的要求,他们中的激进势力还打出要求脱离印度、建立独立国家的旗帜,出现了"去国家化"的认同问题。

　　由于历史悠久的村社传统,印度立国后的基层执政体系极不稳定,国家的力量很难渗透到基层。印度建国之前,甘地认为基层政权组织的划分对民族斗争的胜利不可或缺,曾经设想过以乡村评议会的制度建立乡村自治组织,认为这种村庄自治组织应当成为一个"完整的共和国"。②《印度宪法》制定的时候,按照甘地的这一原则,提出一项原则性规定,国家应采取措施组织乡村评议会,并赋予必要的权力和权威,

---

① 杨翠柏:《南亚政治发展与宪政研究》,巴蜀书社2010年版,第33页。
② 于玉宏:《当代外国政治制度》,北京时代华文书局2016年版,第218页。

使之具有自治单位之职能。不过，尼赫鲁认为村庄是落后文化和经济的产物，对此他们并没有制定任何实际性的政策。宪法设计委员会主席认为，乡村共和是印度事业发展最大的祸害，故而抵制乡村共和制度。因此，印度在独立之初，并没有制定任何有关基层政治的法律和政策。直到1952年，印度才进行了第一次地方政府机构改革，对县及以下的行政机构进行组建，并设立了三级管理体制，分别是区发展官、街区官员和村级工作者。此后，印度在国家发展规划中有这样的规定：各邦有义务组织潘查亚特，使之担负起村一级的行政职能，负责日常工作，并担负民事纠纷的调解任务。[1] 不过，这些措施并没有取得良好的效果，印度的基层社会一直处于一种非常松散的状态。传统的种姓思想在农村地区根深蒂固，印度独立前后，国内的社会阶层并未发生太大的变化，以至于农村依然是由传统的社会结构主导，种姓制度仍然在农村生活中发挥着巨大的影响力，真正意义上的社会平等和性别平等并没有得到实现。[2]

宗教教派主义、种姓主义和地区主义并不是绝对各自独立地影响着国家的认同和统一，它们是相互作用、相互联系的。印度政治一向与暴力并存，政治领袖甚至国家领导人多次发生被刺事件，这种暴力倾向无疑是危害印度社会团结的重症。从根本上来说，这些暴力行为还有着更为深刻和复杂的基于社会的、经济的、文化的原因，对印度国家身份的发展构成严峻的挑战。国家认同的两个基本因素，即归属于某个群体的身份资格这一精神纽带，以及作为"我者"对立存在的"他者"，[3] 在印度国内纷繁复杂的政治生活中其实都是含混不清的。

---

[1] 林承节：《印度独立后的政治经济社会发展史》，昆仑出版社2003年版，第103页。
[2] 李熠煜：《印度社会治理研究》，湘潭大学出版社2016年版，第17页。
[3] 罗志祥：《浅析民族分离运动中的认同因素》，《社科纵横》2006年第12期。

第二节　经济社会发展的不平衡性与国家身份

综观挑战印度社会统一的国家认同的诸多因素，有一个问题不容忽视，就是印度社会本身发展的极度不平衡。印度社会发展程度的复杂性导致其利益属性的复杂性，族群之间的具体利益对于国家这一实体的依赖程度不相同，人民对国家的认识也具有极端的复杂性。随之而来的后果是，一定族群的人们会将国内的某些群体当作"他者"，从而忽略了他们同样归属于一个国家的属性。

印度广泛存在的社会问题有可能威胁国家身份认同。以种姓制度为例，虽然印度官方从法律上已经不再承认种姓制度的存在，但其影响却根深蒂固。印度获得独立后，在法律上废除了种姓制度，如1950年的宪法第15条规定："禁止宗教、种族、种姓、性别、出生地的歧视"，[1]并且政府还注意保护低种姓的利益。《印度宪法》第335条规定："在不影响行政效力的前提下，在任命与联邦事务或各邦事务有关的公职人员时，应考虑'表列种姓'和'表列部落'成员的要求。"[2] 但是，由于历史和现实的原因，种姓制度实际上仍在印度的政治、经济、社会各个方面起作用，种姓歧视仍很严重。20世纪70年代中期，对中央邦的179个村庄的调查表明，有124个村庄不让贱民取公用井水，128个寺庙中有47个不让贱民进入，39家饭馆中有11家不让贱民进入，没有一个村庄的理发师肯为贱民理发。[3] 数十年来，种姓歧视等问题引发的事件非常多，落后种姓受到高级种姓欺凌甚至残害的事件时有发生。时至今日，印度的种姓问题仍旧非常严重，正如R. P. 玛萨尼教授所总

---

[1] 姜士林等主编：《世界宪法全书》，青岛出版社1997年版，第588页。
[2] 姜士林等主编：《世界宪法全书》，青岛出版社1997年版，第624页。
[3] 陈峰君：《东亚与印度》，经济科学出版社2000年版，第179页。

结的那样："在现代条件之下，各高级种姓之间的障碍正在迅速消失；但是，年代久远、将各高级种姓和最低种姓分开的关于个人的礼仪性纯洁和宗教仪式不可侵犯性的顾忌，仍然几乎和以往一样强烈"，因此种姓制度是"必须去除的一个赘疣、一个毒瘤"。①

在印度，高级种姓与低级种姓已经严重地分化为社会的两个极端，因此哪怕政府的一点点有关种姓的行政措施都会遭到反对，很难实施下去。1990年，维·普·辛格总理决定落实早已存在的"曼德尔报告"所规定的为"落后种姓"在中央、邦一级政府中保留27%的职位时，遭到高种姓的强烈反对，他们示威游行，发动骚乱，甚至以自焚要挟，要求取消对落后阶级的保留。② 由此可见，在当今印度，种姓观念深入人心，种姓制度不仅使印度人产生严重的互相排斥心理，妨碍了印度不同族群人民之间的团结，更使印度社会长期陷入种姓冲突、民族不和、国家不安定之中。这种情况下，要想印度国内不同种姓之间的人群在统一的国家旗帜下团结起来，印度还面临着很多挑战。

社会不平衡问题之外，还有一个问题值得重视，那就是印度的经济发展本身也是极不平衡的。印度自独立以来，选择了一条与自身特点相符合的相对可持续性的发展道路。从宏观经济的数据上来说，近几十年来印度的经济发展是比较快的，而且在总量上也达到一定规模。从经济总量上说，印度已经算是一个大国。借助高效率的经济增长，印度正在更加积极地利用其诸如人力、资源方面的优势，促进自身经济持续有效增长。但具体到印度国内经济的各个方面，情况却并不是非常乐观的。印度经济发展的成果并没有惠及到社会的各个阶层，特别是农村或落后地区的贫苦民众、少数族裔群体，印度社会的贫富分化正在加剧。孟买

---

① [印] R. P. 玛萨尼：《种姓和社会结构》，[英] G. T. 加勒特（G. T. Garratt）主编，陶笑虹译：《印度的遗产》，上海人民出版社2005年版，第176页。

② Shashi Tharoor, *India, from Midnight to the Millennium and Beyond*, Published by the Penguin Group, India, 2007, p. 109.

正是这种矛盾的典型写照：一方面，孟买是印度最繁荣的城市、金融中心、国家税收的主要来源地，还拥有世界著名的娱乐中心"宝莱坞"；另一方面，这座城市在1992年爆发了印度教徒和穆斯林之间的大屠杀，而且还有成千上万的人处在贫困线以下。① 英国学者特雷弗·菲希洛克也持有相似的看法，认为印度"已成为一个具有世界规模的工业巨人，贫民窟也跟着飞快增长。教育投资增加了，但失业人口增加得更快"。②

印度的城乡差距也在不断扩大。印度学者多萨尼注意到，印度目前的政党政治所讨论的都是或者大部分是与城市有关的议程，根本不可能组建一个有利于农村发展的政府。因此，他认为印度政府的农村政策是必须尽快建立起足够的城市基础设施接纳大量的农村贫民，否则，农村的贫民会继续使印度的发展不平衡，最终致使印度的发展水平远远低于其潜力水平。然而他悲观地发现，"即使在最好的情况下，前者也不太可能发生"。③ 印度学者和官方大体能够达成的共识是，"印度的城乡差距是印度面临的最大问题，也是阻碍经济持续发展的最大障碍"。④ 需要注意的是，这个共识是存在的，表明大家都看到问题之所在，不过谁也没有办法真正去解决这个问题。庞中英尖锐地指出："印度广大的农村地区却是被遗忘的广阔天地，印度的城乡差距、贫富差距并没有因此实质缓解，有的地方反而更大。"⑤ 21世纪初，印度农村2%的大农户就占有全部耕地的20%，而超过75%的农民只占有不到25%的耕地。⑥

---

① Shashi Tharoor, *India, from Midnight to the Millennium and Beyond*, Published by the Penguin Group, India, 2007, p. 8.
② ［英］特雷弗·菲希洛克著，袁传伟、任荣康译：《印度人》，上海译文出版社1990年版，第12页。
③ ［印］多萨尼著，张美霞、薛露然译：《印度来了》，东方出版社2009年版，第172页。
④ ［美］史密斯著：《龙象之争：中国、印度与世界新秩序》，当代中国出版社2007年版，第137页。
⑤ 庞中英著：《中国与亚洲：观察·研究·评论》，上海社会科学院出版社2004年版，第20页。
⑥ 史美兰著：《农业现代化：发展的国际比较》，民族出版社2006年版，第316页。

有学者在统计印度城乡差距和贫困人口数据后发现，印度农村绝对贫困人口数量较高，有39%人口的生活水平在贫困线以下。由于教育落后，50%的农村成年人口是文盲，劳动力整体素质低下，在国际上缺乏竞争力。① 宋志辉指出，由于印度社会严重的贫富分化问题，社会各阶层对政治、经济权力的竞争也更加激烈，传统的分配方式已经无法应对这些挑战，导致不同社会集团之间变得越来越不宽容，社会中聚集的各种不满情绪将会集中爆发，以宗教、种族、部落、种姓冲突的形式表现出来。②

社会经济发展不平衡，导致印度不同族群的发展步调不一致，因而它们对印度国家的态度也不一样。特雷弗·菲希洛克曾颇有诙谐意味地描述印度的状况："受过教育的城里人正在提出有关民主的秩序时，地主的打手和警察却在痛打那些敢于谈论权利的穷人。"③ 印度政府"不在乎对贫穷进行调查和描述，但要把它视为国家的形象，他们就火冒三丈"，但是印度"变革的前景则被报之以忿怒和暴力的对抗"。④ 政府对印度国家形象的描述并不像穷人所实际感受的那样，但印度社会的不稳定暴露了印度国家形象的"死穴"。在这样的情形下，印度人民对国家和统治者的心理状态也很难有一个坚定的态度。

印度经济发展的特殊性导致的经济结构的不平衡也对印度国家认同产生一定的挑战。事实上，印度的国家目标中有很多是带有经济方面特色的。如在信息技术方面，1985年拉·甘地总理提出过"要用电子革命把印度带入21世纪"的口号，后来瓦杰帕伊总理又提出2010年印度

---

① 苏海南、王宏、常风林：《当代中国中产阶层的兴起》，浙江大学出版社2015年版，第166页。
② 宋志辉：《印度农村反贫困研究》，巴蜀书社2011年版，第131—132页。
③ [英]特雷弗·菲希洛克著，袁传伟、任荣康译：《印度人》，上海译文出版社1990年版，第12页。
④ [英]特雷弗·菲希洛克著，袁传伟、任荣康译：《印度人》，上海译文出版社1990年版，第17页。

要成为"信息技术超级大国"的国家目标。印度政府在扶植信息技术产业方面不遗余力,其软件业得到很大发展。但是,印度政府的经济政策也存在一些偏差,诸如忽视农业。印度在国际社会树立的国家形象是"一个贫穷、落后和依靠外援的大国",而远远没能成为一个真正的"有声有色的大国"。[①] 这种国家形象或许只是"他者"对于印度的不恰当评价,但是在"他者"与自我的对比和鉴别中,印度人自身的身份认同才能得以确定。由此看来,印度自身的国家身份定位或许还存在诸多矛盾与不确定性。

第三节 宗教、文化的多样性与印度国家身份

在印度这个宗教氛围浓郁的国度,宗教已经与生活和习俗融为一体,是社会中必不可少的凝合剂。事实上,印度政府也将宗教视为传统文化最重要的部分而加以珍视。时至今日,宗教仍是理解今天印度的社会、政治生活的一把钥匙。对印度国家来说,宗教对团结信教人群,有很重要的作用。不过,由此而产生的宗教与族群问题,始终是印度社会最大的麻烦。对印度政府来说,如何解决宗教问题,弥合宗教区隔给社会带来的裂痕,是不得不着重解决的一个核心问题。《印度宪法》中强调要实行世俗化政策,但数十年来,成效并不明显。时至今日,印度国内的教派冲突一直是社会动乱的主要源头之一。

印度独立以来,教派冲突并没有因印巴分立而减弱,而是连续不断地发生,甚至发展为暴力流血事件。各教派之间常常因某些小事,如小孩吵架,或把烟、酒摆在穆斯林居住的地方,或杀了一头牛等而爆发冲突。其中有些冲突是突发性的,却能迅速演变成大规模的、政治性的争

[①] 郑瑞祥主编:《印度的崛起与中印关系》,当代世界出版社2006年版,第55页。

议事件,有时甚至扩大为全国性的大骚乱。据统计,1971—1981年印度共发生大小5000次左右的冲突和骚乱,造成数千人伤亡。1979年4月,印度东部比哈尔邦贾姆谢普尔发生穆斯林同印度教徒、警察的流血冲突,死伤1000多人,并使2.5万人无家可归。①21世纪以来,印度的教派冲突有上升的趋势,每年国内发生的大大小小的暴力冲突达数百起。② 事实上,印度前后两任总理英·甘地和拉吉夫·甘地的遇害事件,都有印度教徒和锡克教徒冲突的背景,事后也导致教派之争进一步激化。鞠杨曾列举了多起印度国内发生的教派冲突事件,并将之作为印度"与世界大国失之交臂"的表现,主要包括:2012年,仅北方邦一个邦的教派冲突就发生了100多起;2012年8月,印度国内发生较大范围的教派冲突,有40万人出逃避难;2013年9月,印度北方邦教派冲突加剧,印度联邦政府不得不出动5000名军警到事发地区维持秩序。③

熊坤新、严庆指出,"在印度,民族事项与宗教信仰、文化差异等因素复合交织在一起,形成复杂的民族问题。这些民族问题的存在影响着该国民族关系的发展,影响着国民之间的认同与亲和,进而影响到政局的稳定和国家的发展"。④ 就社会本身来讲,"影响着国民之间的认同与亲和",便会割裂社会各个族群的关系,导致社会内部出现裂缝,从而严重影响印度社会的整合。印度国家在实体上虽已形成一个整体,但在印度人的观念深处,统一的国家这一概念或许还要受到诸多文化因素

---

① 薛龙根:《国际政治手册》,南京大学出版社1989年版,第336页。
② 关于印度教派冲突的研究,可参见吴宏阳:《教派矛盾与印度的政治世俗化进程》,《郑州大学学报(哲学社会科学版)》2001年第3期;吕昭义:《印度的教派冲突剖析》,《2002—2003南亚报告》,云南大学出版社2003年版;邱永辉:《浅析"印度教特性"政治》,《南亚研究季刊》2003年第2期;钟有为:《印度教派冲突与政治斗争》,《安徽教育学院学报》2005年第2期等。
③ 鞠杨著:《全球博弈:中美关系改变世界》,中国发展出版社2014年版,第125页。
④ 熊坤新、严庆:《印度民族问题与民族整合的厘定》,《西北民族研究》2008年第3期。

的干扰。从更深层次来说，印度人民更多存在的可能是一种国籍的认同，即对印度这个业已存在的国家实体的认同可能更为强烈；但是对于更深层次的印度民族精神或印度文化的认同，可能就要淡漠很多。印度国家实体确实是一个业已存在的事实，但是这个国家能在文化或精神上让全体印度人分享的国家意识确实不多。印度文化或精神方面的传统根深蒂固，特别是与印度的宗教状况关系密切，而这些宗教文化因素又是极为复杂的。要想将信仰各种宗教的人从心理上融为一体，印度还有很长的路要走。

印度社会在一定程度上可以说是一个宗教社会。绝大多数的印度人都有宗教追求和信仰，宗教的各种信条在一定程度上也对绝大多数印度人最基本的价值观起着决定作用。宋丽萍曾指出，"宗教认同可能与民族国家认同保持一致，也可能是从属于民族国家的次一级集团认同，这样的认同从本质上说并不一定会破坏国家的整合与统一"，但是在印度这样的多宗教国家中，"教派主义者在政治、经济和个人利益的驱使下，通常会提出一些过分的要求，从而成为破坏国家整合的重要力量之一"。[①] 虽然印度教徒在印度占大多数，但在不同的民族和部落，他们具体信仰的内容并不相同。事实上，"印度教"一词只是对诸多不同信仰的笼统称谓，其内部情况非常复杂。目前，印度拥有数以百计的民族和众多的部落以及某些亚族群归属，这些民族和部落大多有自己独特的语言、宗教信仰和文化传统。不仅如此，由于印度独特的历史，其他主要的世界性宗教，如伊斯兰教、基督教、犹太教等都在这一地区拥有大量的信徒，而且分布区域极为广泛。实际上，印度国家法律与政策的制定、人民道德文化观念的形成以及各个族群风俗习惯的养成，都与各自的宗教信仰密切相关。各种宗教之间在崇拜对象、法律道德标准、社会文化习俗乃至语言文字等方面均不相同，甚至存在许多截然相反的地

---

① 宋丽萍：《宗教与印度国家整合》，《唐都学刊》2006 年第 5 期。

方。印度独立之后，各种教派主义之间的冲突导致的各种暴力事件给社会和国家带来了巨大的影响，教派主义势力仍然是印度社会整合的最大威胁。印度教派主义者凌驾于国家认同之上的教派亚认同对印度社会的恶劣影响可见一斑。也许正如汉斯·昆所认为的那样："没有宗教间的和平，便没有民族间的和平。"① 或许，强化印度的国家认同，弱化各个教派的教派认同，正成为印度政府与印度社会面临的当务之急。印度宗教的这种多样性导致印度社会认同的复杂性，对于国家而言，也是如此。宗教和文化的极端复杂性决定着人民认同的复杂性，印度国家身份认同便是其中一个重要的方面。错综复杂的民族、宗教、种族矛盾引发的民族分离主义运动和教派冲突，却成为印度"大国梦"背后的巨大隐患。印度德里大学政治分析家欧嘉曾说："每个人都有不同的诉求、不同的理想。因此，在印度这个人口每年大幅度增长的国家，肯定会出现歧见。"② 要在如此复杂的民族宗教文化心理状态下强化统一的国家认同进而形成强有力的印度民族凝聚力，其难度可想而知。

实际上，印度各个宗教或教派对于印度的国家性质的界定很不相同。印度教派主义者、印度人民党（BJP）就提出"印度是印度教徒的印度"，③ 其在对印度国家身份进行界定时，决不容许除印度教以外的其他任何宗教文化存在。教派主义发展得更极端的情况导致的是"去国家化"，即以族裔和宗教信仰为依托，要求实现脱离印度国家的母体。这种歧视其他宗教的对印度国家的极端界定方式，势必会影响印度各个教派之间的团结，从而影响统一的国家身份认同的强化乃至这一认同本身的存在。

---

① ［德］汉斯·昆著，杨煦生译：《世界宗教寻踪》，生活·读书·新知三联书店 2007 年版，第 102 页。

② 金丰、乌元春：《分裂恐怖主义势力 印度大国梦的隐忧》，《环球时报》2011 年 11 月 30 日。

③ C. P. Bhambhri, *The Indian State, Fifty Years*, Published by Shipra in Delhi, 1997, p. 174.

第四节 外部因素与印度国家身份

印度国家身份是与"他者"密切相关的，因而必然与外来因素密切相关。自从印度独立以来，它就在自己国家内努力培养一种以"民族共同体"为纽带的联系方式，建构一种自我身份。而在对外方面，其则努力选择一个或多个"他者"作为自己国家身份的参照。一般而言，印度国家身份建构的具体内容，在建国早期大体上是以资本主义世界和社会主义阵营两个对立的体系的发展作为参照的，同时以巴基斯坦作为敌对的"他者"，有时也会以中国等亚洲邻国作为参照体。印度对外关系的建构在很大程度上也是参照了"他者"的情况，并结合自己国内的情形完成的。正如伍福佐所总结的："印度在冷战美苏争霸的国际大格局中实施不结盟战略，力图在美苏超级大国之间保持一定程度的战略平衡，以便利用它们之间的矛盾，一方面为印度国内的政治、经济和社会建设服务，另一方面又促进国际和平的维持。"① 这无疑是参照国际国内局势而做出的抉择，即印度国家主体基于自我与他者关系而建构出来的国际关系原则，但这一建构是根植于印度国家利益之上的。

印度的对外关系有很大部分是针对巴基斯坦的。自印巴分立以来，作为南亚次大陆上两个最大的国家，印度与巴基斯坦在大部分时间里都处于敌对状态。除了宗教冲突以外，双方还存在领土争端，特别是克什米尔问题，曾经导致双方发生数次武力冲突以至于引发了三次大规模的印巴战争。20 世纪 90 年代末，印巴先后成为拥核国家，使印巴关系的安全隐患不断升级。无论是从国际核不扩散还是核安全的角度看，印巴冲突都不再仅仅是双边关系问题，它已经转变为重大的地区问题和国际

---

① 伍福佐：《析冷战时代印度的不结盟战略》，《南亚研究季刊》2004 年第 4 期。

问题。① 印度与巴基斯坦这一对长期在南亚角力的"对手",将相互之间的军事竞争不断升级,其实也正是"他者"镜像发生作用的绝好例证。印巴之间互为参照、互相角力。印度的立国目标是做一个"有声有色的大国",但在实际行动中却免不了眼高手低,经常只盯着近处的竞争对手巴基斯坦。在很多国际问题上,印巴互以削弱对方、打击对方为思考问题的出发点,甚至将很多本非南亚地区问题的事件纳入狭隘的视角去解读,这样做显然就缺乏应有的大国气度了。

国际局势的变化也影响到印度的国家身份建构。不结盟政策的偏离也源于印度与"他者"关系的变化。伍福佐指出,"随着印度地区安全环境的变化,特别是其与中国和巴基斯坦这两个邻国之间关系的变化,印度逐渐偏离了不结盟战略"。② 事实上,中印之间本非各自最主要的对手,印度重点关注的其实是巴基斯坦。实质上,不结盟战略只是作为一种政策层面的表现形式而已,其根源还要追溯到印度国家身份的建构。印度与其假想敌、意识中的"他者"巴基斯坦以及"殃及池鱼"的中国之间多边关系的变化,既影响到其国际战略,也影响到其身份的建构。印度对自身的定位是基于对作为参照系的"他者"的映像而建构出来的。尼赫鲁就提出,印度自己的国际地位不应该与巴基斯坦等国家相比,而应与美国、苏联和中国相提并论。③ 尼赫鲁对作为参照系的"他者"的选择,无疑是当时世界上较之印度更为强大的国家;而印度自身的定位,也就源于尼赫鲁心目中或者说印度人心目中赶超的这些目标的镜像。

同样,印度国家目标的实现,也离不开对"他者"形象的准确建构以及正确处理好与"他者"的关系。陈峰君指出,"印度的最终战略

---

① 陈继东、晏世经:《印巴关系研究》,巴蜀书社2011年版,第69页。
② 伍福佐:《析冷战时代印度的不结盟战略》,《南亚研究季刊》2004年第4期。
③ V. M. Herwitt, *The International Politics of South Asia*, Manchester University Division, 1992, p. 195. 转引自孙士海主编:《印度的发展及其对外战略》,中国社会科学出版社2000年版,第2页。

目标是成为世界一流强国。但这一目标却迟迟没有实现,经济发展迟缓是重要因素,在外交上没能与南亚邻国搞好关系也是一个致命因素"。荣鹰则指出,"南亚区域合作近年来虽有进展,但仍大大落后于其他地区合作组织,而印度与邻国关系不顺是重要原因。印度只有走出南亚困境,才能真正走向世界"。[①] 印度自我身份建构完成以后,如何将这一建构的体系付诸实践,还得从与"他者"的关系入手。这也是印度必须要解开的结。

  印度的国家战略和国内政策不可避免地会与其竞争对手的发展联系起来。实际上,所谓的现代化进程,就是一种在经济上赶超发达国家的进程。没有一个值得赶超的"他者"作为竞争对手,国家的发展就会变得没有方向感。印度在中印冲突中遭到的"耻辱的失败"直接导致印度政府强调"实力对实力"的现实主义对外战略的指导方针,印度国内后来也形成一种"依靠实力实现大国目标的国家意志"。[②] 随着世界局势的发展,印度的政治家和战略家也逐渐认识到国家的实力并不只有军事实力,而且包括经济实力等多种要素,也就是需要有强大的综合实力。印度发展综合实力的国家意志,直接影响了印度的经济改革。无论是从印度的还是别国的论著中,随处可见将印度与中国做比较的论述,而且这种比较经常会在经济、政治、体制等层面进行。无疑,这种比较正是"自我"和"他者"的参照的反映。可以说,印度的对内改革更大程度上也是印度国家参照"他者"发展的结果。

  国际社会的发展对印度国家身份的建构起着重要的作用,当然也会构成挑战。全球化所带来的同质化的冲击,正腐蚀着许多国家的国家认同。印度的一些有识之士"担心西方文化涌入印度会打乱印度的传统生

[①] 刘建、荣鹰、陈峰君:《解析印度"大国梦"(专题采访)》,《人民日报(海外版)》2006年1月20日。

[②] 孙士海主编:《印度的发展及其对外战略》,中国社会科学出版社2000年版,第3—5页。

活方式"，"也担心西方价值观的挑战会威胁印度传统的价值观，使几千年的精神文明毁于一旦"，于是"当今印度又出现一种民族主义思潮，要人们起来抵御外来文化侵略，保护本民族的传统文化"。① 亨廷顿著名的"文明冲突论"提出，冷战后，世界冲突的基本根源不再是意识形态，而是文化方面的差异，主宰全球的将是"文明的冲突"。对印度来说，印度文化可以说是一种以印度教为主体的多元文化的综合体，与西方文明有着长久的交流和融合，可能同质的层面会更多一些。但是，印度的大国梦想总归会冲击现有的国际体系，在国际社会是一种作为"他者"的异质文化而存在的。或许相对于中国而言，印度发展的国际阻力会小一些，但终究还是存在的。

综上所述，印度的国家与民族确实取得不小的成就，但印度社会原有的许多根深蒂固的问题，也如影随形地伴随着印度国家的发展。这些问题，有时表现为政治问题，有时表现为经济问题，有时表现为教派冲突问题，但仔细追究起来，引发问题的原因往往是错综复杂的，解决起来也是千头万绪。很多时候，一个看似微小的问题会被无限放大，最后变成难以解决的大问题。这些问题都有很深的历史原因，但也是印度社会所必须面对的现实。

从身份认同的角度来看，印度的社会问题归根结底表现为一个词——"差异"。无论是选举政治中的政党之争，还是地方社会的分崩离析，都体现出不同人群之间的差异。差异性凸显，才能让政党抓住选民的特点，宣称代表某一部分选民的利益；也是差异性凸显后，印度各个邦之间乃至各邦内部会出现很多以地域为区隔的小集团，声称拥有各自不同的利益，争端日趋激烈。从社会的角度来看，印度社会本就壁垒森严的种姓区隔，在法律明令废止数十年之后仍旧保持了顽强的生命力；而城乡差距、职业差距带来的社会不公平现象，则成为滋生暴力的

---

① 孙士海主编：《印度的发展及其对外战略》，中国社会科学出版社2000年版，第267—268页。

温床。印度社会出现的教派冲突、族群冲突、种姓冲突等，其实都是社会差异的直接表现。"差异"正是建构身份最重要的素材，也正是"差异"，让不同群体之间有了明显的区别。如果任由这种差异继续下去甚至不断扩大，印度社会的裂痕将会不断加大。对于印度政府而言，其迫切需要将印度人团结在共同的国家与民族下，让彼此之间的差异逐步消失，更不能人为地制造差异，扩大裂痕。不断建构印度国家身份，增强政府的执行力和凝聚力，不失为一个较好的办法。从不断爆发出的各类问题来看，印度的国家身份建构还有很长的路要走。

第六章／印度国家身份：困惑与出路

印度既想成为"有声有色的大国"，又想在解决国内国际问题上走出一条具有印度特色的道路。不过，印度的大国梦想并不能掩盖自身存在的问题，辉煌灿烂的印度古代文化也不能直接转变为经济实力。确切地说，印度悠久的历史文明和辉煌的思想文化，是优势的同时也可能成为前进的障碍。古印度的宗教文化影响及于世界各地，同时也为印度社会带来了根深蒂固的传统，这些传统能否适应现代社会的经济发展，能否为现代印度社会的发展和国内困境的解决提供资源，都是值得重新考量的。印度经济增长不均衡，国内贫富分化严重，地域分化和政党之争纷繁复杂，教派冲突和社会问题层出不穷，而且其在国际上的影响尚无法实质性超出印度洋、南亚地区之外。印度政治家期待的"有声有色的大国"，其实仍旧停留在理想的层面。或许地区性的大国比较符合印度的现实情况，尽管印度领导人从来不愿意承认。理想与现实的差距既可能是印度继续努力的动力，但也有可能成为印度发展的绊脚石。从国内、国际的现实情况来看，印度国家身份的建构还有很多工作有待完成。

第一节　印度国家的统一需要国家身份的建构

在印度建国之后，统一的印度国家成为一个客观存在的实体，并取得较好的发展成就。印度人民日益从国家属性上对自身进行了自我界定。尽管印度国内的民族、宗教、社会等各方面的构成十分复杂，但还是有一种称呼能够囊括生活在这片土地上的所有人，那就是"印度人"。只要"我们是印度人"这一说法能够在印度社会获得较多支持，印度国家实体的统一就能得到强有力的民意保障。实际上，这一问题是一体两面的。随着印度国家统一的巩固和实力的强大，印度人民对于印度国家的认同也会逐渐增强。反过来，印度国家认同的增强也会促进国家凝聚力的增强，从而促进印度国家的巩固和发展。

我们说国家身份是伴随着"他者"的发展而发展的，而这一点在印巴关系方面体现得较为明显。印度人大多认为巴基斯坦人是与自己不同的国家和民族，而且随着作为敌对一方的"他者"的设定在印度人民的心中不断强化，作为"自我"一方的印度人民就自然而然地团结起来了。同样，在与其他实体进行比较并试图赶超或者击败对方时，自我一方的斗志会被强化，并促使他们互相团结以应对他者的威胁，这样就会对印度的自我意识产生强化作用。典型的例子是，1998年巴基斯坦采取了一个挑衅性的举动，发射了一枚火箭。印度随即做出一个震惊世界的决定，进行了五次大规模的核弹试验。这一消息令全世界震惊，受到国际社会的一致谴责，可是在印度，人们却一致支持这些试验，"出现了一波爱国主义的狂潮"。[①] 核战争的恐怖对于当时处在狂热状态下的印度人民来说，似乎不值得一提。相反，印度国家却在应对巴基斯坦威胁的现实号召下实现了一致的团结。无疑，这种一致的对外团结局面正是在与"他者"的竞争中出现的，也是在国家身份建构的过程中完成的。

印度刚刚独立的时候，国际上就有许多言论预言印度必将分裂，这种判断或许是基于印度复杂的民族、宗教等因素做出的。但70余年过

---

① [德]赫尔曼·库尔克、迪特玛尔·罗特蒙特著，王立新、周红江译：《印度史》，中国青年出版社2008年版，第423页。

去了，印度不但没有分裂，而且在发展过程中展现出强大的民族凝聚力，在国家发展的方式上也展现出令人惊叹的魅力。这当然与印度国内有效的整合政策有关，同样与印度的国家身份建构方式分不开。印度有悠久的文明，印度领导人一直很重视发挥自身历史、文化、宗教和哲学的作用。20世纪80年代，著名的印度史学家巫白慧先生就切身感受到印度领导人对印度文化的重视。在1985年的印度哲学大会年会上，时任印度总理拉吉夫·甘地在开幕词中特别强调印度的伦理文化和宗教哲学的价值与它们在推动国家前进方面所起的作用。他指出，印度向21世纪的进军，只有在它同时运用道德力量把技术实力武装起来的时候才能成功。① 在瓦杰帕伊政府时期担任外长的外交家辛哈于2004年的一次演讲中自信地指出，"印度最大的优势是世俗及多元文化的信仰。印度是包括几乎所有宗教的国度，它们在此共处并发展壮大，这是印度的骄傲"。② 2014年10月2日，恰逢"圣雄"甘地145周年诞辰，刚任总理不久的莫迪前往印度教的圣河——恒河畔的瓦拉纳西市视察，提出要在全国开展"清洁印度"运动。作为一名虔诚的印度教徒，莫迪的此番举动表达了对环境保护的深切期望，同时蕴含着深厚的文化宗教意味。有学者将此举解读为"现代印度不会仅仅存在于历史的废墟上，而是要给历史以新生。重建印度、清洁印度将会是一个艰巨的任务。莫迪承诺把Kashil（瓦拉纳西）变成印度的京都，这个任务就像让恒河重回天堂一样困难"。③ 对印度宗教历史文化的重新解读，成为印度树立民族自信的资源，发掘历史、书写历史也是印度国家建构的一个重要

---

① 巫白慧：《参加印度哲学大会观感》，中国社会科学院哲学研究所：《中国哲学年鉴·1986》，中国大百科全书出版社1986年版，第376—377页。
② 来自印度瓦杰帕伊政府的外交部长辛哈2004年3月12日在《今日印度》2004年论坛所做的题为《地缘政治：成为世界强国的条件》的演讲。转引自庞中英著：《中国与亚洲：观察·研究·评论》，上海社会科学院出版社2004年版，第22页。
③ ［印］纳维·库马尔·巴克什著，吴亚洲译：《东行漫记：一个印度人眼里的中国》，中央编译出版社2016年版，第204页。

方面。

在印度的竞选中,各党虽然争斗不已,但对于印度的国家身份定位却异乎寻常地一致。如以人民党为首的竞选联盟在2004年的大选中的口号是"它将使印度成为一个大国,甚至是超级大国"。它的党章甚至宣布:"我们历史上就是一个伟大的国家,我们将继承这一伟大的目标,并将使印度发展成一个世界性的超级大国。"① 民主联盟在2004年的竞选口号是"把印度建设成世界经济、政治、军事、科技、农业、教育等全方面的超强国家"。② 这些口号与国大党一直以来的大国战略是非常一致的。中国前驻印大使裴远颖在印度2009年大选之际表示,虽然印度各种族群的利益需求很复杂,但国大党和人民党在政治主张上却"没有什么很大的不同。因为这两个党都有一个雄心——要把印度铸造成一个世界大国"。③ 这种现象正说明,符合印度大国梦想的国家身份建构方式符合印度多数选民的意愿,这样所有政党才会提出大同小异的建构方案。同样,也正是这种相对一致的国家身份建构方式,凸显出印度的大国梦想对印度民族凝聚力的重要作用。

不过,印度分裂的危险似乎并没有远去。印度国内,宗教、文化、族群、语言等多方面的差异过于巨大,一不小心就会引发冲突,这无疑是不可忽视的分裂风险因素。巴基斯坦脱离印度以后,印度国内的穆斯林一直有离心倾向,这也成为可能导致印度分裂的因素。目前巴基斯坦凭实力尚不足以击溃印度,如果巴基斯坦的实力超过印度,印度国内穆斯林势力的离心倾向将进一步加剧,甚至可能引发独立浪潮。除此之外,印度东北的7个邦在历史上从来不属于印度文化圈,这些邦的民众也很难在印度寻找到自己的国家归属感。在社会凝聚力较为脆弱的情况下,一旦政府的控制力削弱,再加上有外力介入,这些邦的独立将无法

---

① http://rupe-india.org/41/power.html.
② http://www.indian-elections.com/partymanifestoes/nda.html.
③ http://www.china.com.cn/international/txt/2009-05/20/content_17804627_3.htm.

遏制。印度真正形成国家主体实际上还不到一个世纪，族群融合远未达到理想的程度。利用国家力量和潜移默化的方式强化"我们是印度人"的认同，小心翼翼地避免分裂，将是印度政府长时间面对的课题。

在印度国内，"我们是印度人"的说法可能还存在某些变数。可能的情况是，在作为"他者"的外来者面前，印度人可能自称为"印度人"，但同时还不忘涉及另外的自我身份界定。宗教种族问题往往对印度的国家认同产生很重要的影响。例如在地域区分方面，印度政府对各邦的划分及其政治建构往往是一把双刃剑，有时候也会伤害到印度国家本身。《印度宪法》和法律详细区分印度各邦，而各邦往往有自己独特的权利和义务，这就像列出了一个清单，请各邦的人民对号入座。这种对号入座可能成为将各种人群区别对待的依据，反而会拉大各个地区之间的隔阂，甚至使得某些地区的人们形成亚一级的国家意识，从而有可能影响印度国家的整体性。也正因如此，能被印度人民广泛认可的印度国家身份建构工作才显得尤为迫切。

第二节 印度国家身份建构的方式对社会整合的副作用

印度政府一直在努力塑造印度民族精神，特别是强化印度民族精神在文化凝聚力方面所起的作用，但这一努力的成果还没有完全显现出来。从甘地以来，印度政治家们用印度的宗教价值观念来"重塑"印度的精神，这或许本身也偏离了印度国家身份建构的正确方向。在印度社会，"非暴力和宽容的思想有着深厚的宗教文化渊源和社会思想基础"，[①] 这种非暴力的思想也成为印度建构国家身份最重要的基础之一。

---

① 孙士海：《印度的对外战略思想及其核政策》，《当代亚太》1999 年第 10 期。

典型事例就是印度的圣雄甘地在领导民族独立运动的过程中，提出著名的"非暴力不合作"思想，并据此发动了一场规模庞大的反抗英国殖民统治的群众运动。但是，非暴力思想并没有在教派主义者那里植根，也没有成为他们国家认同、宗教认同的基础乃至组成部分。陈峰君认为甘地所提倡的以印度教为基础的宗教民族主义"是印度今天和未来发展难以消除的障碍，是印度现代化和社会进步、繁荣的精神癌症"。[1] 从今天印度发展的实际情况来看，陈先生的论断也不无道理。在印度，身份认同中的宗教因素对于印度社会整合的影响就是不可忽略的。印度自从独立后，一直致力于通过实行世俗主义来增强统一国家的认同感，但是由于历史和现实的原因，印度的教派主义一直没有被消灭，并有继续抬头的趋势。从本质上说，教派主义者总是打着宗教的旗号以实现某种世俗的目的，他们不可避免地要通过各种手段把一个社会分裂成几个相互对立的集团或部分，从而破坏国家的统一和民族的团结，具体到社会的各个层面，教派主义也使得印度社会各个族群之间产生了难以弥合的裂痕。在印度这样一个多元社会中，不同的教派往往代表着不同的族群利益。印度宗教各阶层经常会提出符合各自利益的政策方针，并经常不顾其他教派的利益而强化自身利益，导致印度社会各个族群的分裂与分化。

教派主义的幽灵使得印度社会暴力事件时有发生，这恐怕与甘地主义以来印度以印度教为基础建构国家身份的政策不无关系。教派主义冲突主要表现为印度教与其他宗教派别的冲突，其中最突出的是印度北部的印度教徒与穆斯林的冲突。早在1923年，萨瓦尔卡在《印度教特性：谁是印度教徒》一书中就指出"印度教徒因为宗教的、种族的、文化的和历史的亲缘关系，结合成一个同质的民族"，并断言，"我提

---

[1] 陈峰君：《印度现代化进程中几个政治因素的探讨》，《南亚研究》1994年第2期。

醒印度教徒，穆斯林极有可能对我们的印度教民族构成威胁"，① 因此印度教徒表现出对穆斯林的极度不信任，同时"印巴分治时，大多数穆斯林没有移民到巴基斯坦去，但是这些穆斯林所支持的那些穆斯林联盟的领导人却都去了巴基斯坦，于是印度北部的穆斯林失去了他们的社会资本——他们打入能提供给他们教育、工作和其他发展机会的网络的能力"。② 因此，独立后，国大党政府对分治后留在印度的穆斯林采取了比较优待的政策，但是穆斯林在经济、文化、教育和社会地位等方面仍然处于落后的境地，在政府机构和军队就职的人数以及在国会和邦议会的议员比例都低于其人口比例。穆斯林对政府的不满日益增强，并逐渐公开化，要求政治权利平等和经济公平的呼声也不断高涨。这反过来又在印度教徒中引起强烈的反应并进一步刺激了印度教教派主义情绪的高涨，③ 进而引发了一系列暴力冲突事件。

除了印穆冲突之外，印度教徒与除穆斯林之外的其他宗教群体也在一定程度上存在冲突。由1984年"阿姆利则分裂事件"引发的"金庙风波"，其深层次的原因正是锡克教的教派主义。基督教与印度本土宗教的冲突也时有发生。

印度官方一直声称实行的是"一个国家，一个民族"的政策，辩称印度只存在一个统一的或者单一的"印度民族"。在印度政府看来，印度只有一个民族，也只能有一个民族，就是"印度民族"。④ 印度政府对自身的这种界定未免脱离了印度自身多民族、多宗教的实际情况。印度国家身份的建构无疑有整合印度社会本身的目的，但其以印度教精

---

① G. Pandey, *Which of Us Are Hindus? In Pandeyed. Hindus Andothers-the Question of Identity in India Today*, New Delhi, Viking, 1993, p. 251.
② ［美］拉斐奇·多萨尼著，张美霞、薛落然译：《印度来了》，东方出版社2009年版，第126页。
③ Raju G. C. Thomas: *Democracy, Security, and Development in India*, Published by St Martin's Press, New York, 1996, p. 65.
④ 熊坤新、颜庆：《印度民族问题与民族政策》，《国际资料信息》2007年第1期。

神为核心的建构方式,却在一定程度上将本应成为印度人自我一部分的穆斯林以及其他宗教群体当成"他者"而排斥在自我的范围之外,这无疑不利于印度社会的有效整合。世俗主义的宗教政策或许能做一部分的弥补,但要从根本上解决问题,还需从身份认同的重塑入手。

第三节 印度国家身份与对外政策

建构主义国际关系理论认为,认同是利益的基础,认同构成利益和行为,决定和改变国家行为。① 从根本上来说,一个国家的对外政策永远不能脱离国内大多数人的态度与表达。一个国家的国际观则更多地基于一国民众对所在国家在国际社会中地位的认识。毫无疑问,国家身份认同这一在印度人心中潜在的观念,对这个国家的对外政策起着重要的作用。印度社会政治力量的成长,"形成对政府越来越大的制约和牵制",这些政治力量也"制约、牵制甚至左右了政府的对外政策"。② 阿玛蒂亚·森指出,"印度与世界的关系可能要求有效利用印度身份,但这些关系也需要对特定目标和特殊方法及手段予以严谨审视。通过这些方法和手段,可以恰当推进印度与世界的关系"。③

印度不结盟政策的实践是印度国家身份建构影响国际关系的典型例证。尼赫鲁在美苏争霸的国际大格局下认为,印度处于美苏的"战争轴线"之外,不会沦为东西方武装冲突的战场,处于一种相对"边缘化"的战略地缘地位。④ 基于对美苏两个"他者"与印度关系的思考,尼赫

---

① 梁媚:《浅析建构主义国际关系理论》,《创新》2010年第3期。
② 宋海啸:《印度对外政策决策模式研究》,《南亚研究》2011年第2期。
③ [印]阿马蒂亚·森著,刘建译:《惯于争鸣的印度人》,上海三联书店2007年版,第255页。
④ 伍福佐:《析冷战时代印度的不结盟战略》,《南亚研究季刊》2004年第4期。

鲁完成一种印度国家身份的建构，从而提出超脱于美苏争霸之外的国际关系路线，即不结盟政策。印度通过平衡美苏关系而发挥自身的影响力，是基于对自身的准确定位而形成的。无疑，这对印度在国际体系中的地位影响巨大。印度的对外政策都是在其国家目标的指导下完成的，"在过去的几十年，印度的目标是获得全球性的权力（global power），并且已实现自己的目标"。①

印度的大国梦及实践更是印度国家身份建构的最重要方面。对外政策和国家身份是一体两面、互为因果的。"一旦国家的对外政策形成之后，往往能够代表这个国家在特定历史时期对外部世界的反应和共识。"② 印度国家身份的建构，是基于印度独特的历史、文化和现实考量的，这种考量本身即体现出国家身份建构的过程。印度有着辉煌的古代文明，也有着惨痛的被殖民的历史。独立后的印度对自身国家身份的定位渴盼洗掉殖民主义的耻辱，重现印度文明的辉煌。尚处于英国殖民统治之下时，尼赫鲁就描绘了印度未来在世界上的地位："印度以它现在的地位，是不可能在世界上扮演二等角色的。要么做一个有声有色的大国，要么销声匿迹，中间地位不能引动我，我也不相信中间地位是可能的。"③ 20世纪80年代，英迪拉·甘地提出著名的"英迪拉主义"，即"印度不能容忍地区外大国干涉南亚国家内部事务。如果南亚国家需要外国提供援助来解决其国内危机的话，它应该首先在本地区内（指印度）寻求帮助"。④ 2001年，印度总统纳拉亚南在议会发表讲话时说，力争在21世纪使印度成为"强大、繁荣和富裕的国家"，"取得与其领

---

① B. M. Jain: *Global Power, India's Foreign Policy 1947-2006*, Pakistan Vision Vol. 11, No. 1, pp. 262 - 263.
② 宋海啸：《印度对外政策决策模式研究》，《南亚研究》2011年第2期。
③ [印] 贾瓦哈拉尔·尼赫鲁著，齐文译：《印度的发现》，世界知识社1956年版，第57页。
④ 孙士海：《印度的发展及其对外战略》，中国社会科学出版社2000年版，第337页。

土面积和国际地位相称的位置、作用和地位"。① 2004 年 3 月 12 日,时任印度总理瓦杰帕伊在《今日印度》举行的论坛上发表题为《未来印度:建设一个印度世纪》的演讲,提出"我们的目标是在世界事务中为印度赢得一席之地"。② 2004 年 9 月 23 日,印度总理曼莫汉·辛格在第 59 届联大会议上发言时说:"我认为印度有资格说我们已经明确地意识到未来的责任。印度正在一如既往地向前发展,印度有实力也有能力参与到重构一个充满正义和活力的世界中去。"③ 更有不少人认为印度是"世界六大力量中心之一",并认为印度"应该坐进国际社会的贵宾席"。④ 印度著名学者拉维·夏克尔·卡普尔(Ravi Shanker Kapoor)认为:"印度人相信,全世界应按照他们的要求行事,特别是美国,其行为应顾及我们的利益。不仅政治家们和普通百姓这样思考,整个知识界也这样看。没有一个人问这样一个简单的问题:美国为什么要按印度的要求去做?"⑤ 2014 年印度大选时,莫迪在竞选宣言中提出要建设一个"强大、自立、自信的印度",并在国际社会获得应有的地位。⑥ 印度学者拉贾·莫汉认为,莫迪继承了尼赫鲁现实主义的外交遗产,延续了 20 世纪中叶尼赫鲁将印度打造为"有声有色的世界大国"的雄心壮志,决心将印度打造为世界领导大国。⑦ 印度的大国梦想似乎还只是一个遥远的梦想,尽管它在崛起已经是一个不争的事实。印度的对外政策总是

---

① 华大使馆:《印度总统纳拉亚南在议会发表的讲话》,《今日印度》2001 年第 1 期。

② Vajpayee, *India's Future: Building a Indian Century*, Indian Today, March 16 - 22, 2004, http: //conclave. intoday. in/conclave - 2004. html.

③ 《印度、巴西、日本、德国关于联合国改革的联合声明》,印度驻华大使馆:《今日印度》2004 年第 9 期,第 9 页。

④ C. Raja Mohan, *Crossing the Rubicon: The Shaping of India's New Foreign Policy*, Published by Penguin Books, 2003, p. 321.

⑤ Ravi Shanker Kapoor, *Failing the Promise: Irrelevance of the Vajpayee Government*. Pubilished by Vision Books, 2008, p. 59.

⑥ Bharatiya Janata Party, "Election Manifesto 2014", p. 40, http: //www. Bjp. org /images /pdf - 2014 /full - manifesto - english - 07. 04. 2014.

⑦ C. Raja Mohan, "India's Foreign Policy: Nehru's EnduringLegacy", http: //blog. oup. com/2015/10 /india - foreign - policy - nehrulegacy/.

与其大国梦的长远目标息息相关,从争取联合国"入常"到努力在金砖国家中发挥重要作用,印度无时无刻不在努力争取实现大国的身份,国家身份本身即在这些具体的印度对外政策和行为中体现出来。

随着国际形势的发展,印度无疑已经意识到世界形势的变化及改变其大国标准的重要性。冷战结束后,印度的大国观念发生了明显的变化,这是印度对外政策在适应国际环境变化的过程中的明显调整。其中一个最重要的方面是,印度主张外交应服务于经济发展,在更广泛的背景下加强与各国的友好关系,其目的是适应国际形势的变化,为经济发展创造更好的条件。在争取大国地位方面,印度只是改变了方式,但总体的目标并未变化。印度外交政策调整与发展的思路,是"争取印度在这个世界上的地位被看作是一场持续的斗争,其重要性不能低估"。[1] 印度将发展经济外交作为重要任务,主张"当印度经济融入世界经济体系和将市场对外国商品开放时,它在主要贸易伙伴国首都的政治影响无疑将大大增加"。[2] 曾经担任印度外长的贾斯万特·辛格更强调"经济外交将成为印度外交政策的基石"。[3] 就连印度学界的安全问题研究,也不再局限于传统的军事方面,而把经济安全看作最主要的方面。[4]

辛哈曾全面阐述了"印度作为世界舞台上一个强国崛起的条件",他说,"'伟大国家'或'重要国家'这两个词不能以历史的观点来衡量,而应放在21世纪的背景下解读。历史上,国家'实力地位'的改变毫无例外是通过战争实现的。传统的实力观就是一个国家使用武力强迫其他国家屈服其意志的能力。传统意义上,军事实力被视为实力构成

---

[1] V. P. Dutt, *India's Foreign Policy in a Changing World*, Vikas Publishing House Pvt Ltd. 1999, pp. 27-28.

[2] Varun Sahni, *India As a Global Power: Capacity, Opportunity and Strategy*, in Foreign Service Institute ed. Indian Foreign Policy, Agenda for the 21st Century, Vol. 1, Konark Publishers Pvt Ltd., 1997, p. 26.

[3] "Imagined Enemies Unreal Allies", The Hindu, December 25, 1998, p. 1.

[4] 马孆著:《当代印度外交》,上海人民出版社2007年版,第27页。

中最重要的要素。然而,核武器时代的来临及基于日本和德国经济实力的崛起,使军事实力在整个实力构成中的地位下降。现在无论是从道德出发还是从实用角度考虑,追求国家利益时赤裸裸地使用武力已不再可行。21世纪的实力将来自于运行良好的经济。繁荣和经济指标,而不是战争和侵略,将成为世界舞台上实力的关键决定性因素"。①

此外,"他者"与印度的关系对印度发展的影响也是巨大的。谭中曾提出一个问题,就是中国和印度同时"崛起",为什么只有"中国威胁论"而没有"印度威胁论"呢?谭中认为,解答这一问题的主要答案就在于,印度是在"盎格鲁全球化"内部崛起,中国的崛起和"盎格鲁全球化"是擦边,自然也是擦"美国特殊模式"的边。谭中指出,今天的全球化实质上是"Anglobalization"(盎格鲁全球化),是以英文联络交流、以美元为国际货币、信息网络更受美国控制的全球化,而这恰好是"美国特殊模式"的核心问题。② 印度的发展深受英美文化的影响,印度崛起的道路较之中国要平坦一些。因此,印度国家身份建构也能塑造"他者"对自身的看法,从而影响印度与"他者"的关系,形成与"他者"之间的良性互动,最后有效地促进自身各方面的发展。印度在这方面的努力取得良好的效果,"9·11"事件后,美国对印度政策的变化,包括解除对印度的制裁以及领导人出访印度,"表明印度已成为全球重要的领导力量"。③ 印度成为全球领导力量或许有自夸之嫌,但良好的印美互动使得印度的国际地位有所提升却是不争的事实。

不过,印度的国家身份构建凸显的是印度外交政策独特的独立性,

---

① 辛哈题为《地缘政治:成为世界强国的条件》的演讲,刊发于《今日印度》2004年3月12日,转引自庞中英著:《中国与亚洲:观察·研究·评论》,上海社会科学院出版社2004年版,第22页。

② 谭中:《中国须巧妙应对"美国特殊模式"》,《联合早报》,http://www.zaobao.com/yl/tx120329_002.shtml。

③ Ashley J. Tellis, *India As a New Global Power: an Action Agenda for the United States*, Carnegie Endowment Carnegie Endowment Report, July 2005.

印度的对外政策并不会唯美国马首是瞻。《环球时报》曾发表美国霍普金斯大学访问学者龙兴春的评论,文中提出,"印度在很多重大国际问题上与美国意见相左"。龙兴春认为,20世纪90年代以来,印度推行市场化经济改革,国力迅速提升,坚定了其实现大国梦的信心。看到世界经济第二的日本在国际战略上唯美是从,沦为"美国情妇"的地位,印度在外交中特别强调"战略自主",任何外交决策都必须是基于印度自己的价值和国家利益,敢于对美国说"不"更能塑造其大国形象和凸显其战略自主性。① 显然,印度"塑造大国形象"的身份建构对其对外政策影响巨大。印度国家身份的建构是具有一种基于历史与现实的独特性,影响着印度对外政策的决策。这也是国家身份构建影响印度与国际社会关系的另一个层面。

总之,尽管印度国内存在这样或者那样的问题,但其毕竟在领土、人口、经济总量及历史文化等方面都有大国的体量。迈克尔·沙利文曾提出国家实力具有许多可量化的因素,如人口、领土、资源、教育和技术水平、国民生产总值、科技基础、进出口贸易额、国外投资、军费开支、军队规模、农业生产力以及粮食供给等。② 在这些方面,印度都有着突出的实力。事实上,在迈克尔·沙利文提出的国家实力的各种构成因素中,某些因素如人口和领土等,有更重要的评价意义。像印度这样幅员辽阔、人口众多的国家,其某些方面的发展可能暂时比较滞后,但有人口、领土、资源这样的基础,其潜力也是不容忽视的。

同样不能忽视的是,具有成为真正大国的潜力是不够的,能够在多大程度上发挥这种潜力才是摆在印度人民面前的课题。对于印度的领导人来说,努力的目标似乎是非常明确的,那就是成为"有声有色的大国"。说到底,国际地位的获取还必须有国家实力作为支撑。国家实力

---

① 龙兴春:《印度绝不会沦为美国"情妇"》,《环球时报》2012年5月17日。
② [美]詹姆斯·多尔蒂、[美]小罗伯特·普法尔茨格拉夫著,阎学通、陈寒溪等译:《争论中的国际关系理论》,世界知识出版社2003年版,第80页。

建设最核心的因素，还是最大限度地发挥所有人的力量，社会的凝聚力是最核心的指标。只有将人心凝聚起来，印度规模庞大的人口、领土、资源等因素才能真正发挥效应。从几十年的发展历程来看，印度在国家实力的规模层面可能已经达到相当的体量，但在凝聚人心、发挥规模效力的层面还有很多有待解决的问题。印度实现大国地位的"恒河之梦"的基石，是国内稳定、经济发展，以及社会矛盾的解决。[1] 目前的印度并没有一个强力的政党引领人民前进，也没有真正坚强的思想来维系奋斗目标，也没有强大的国家体制来推进社会民生问题的解决。不久的将来，印度社会裂痕似乎没有弥合的迹象，印度国民寻求出路的困惑或许还将持续。

---

[1] 朱元冰：《莫迪，把21世纪变成"印度世纪"？》，《同舟共进》2015年第12期。

余论／印度国家身份建构的历史与未来

从学术史的角度来看,中国学者关注印度,除了关注印度文化的独特之处及其与中国传统文化的关系以外,更多地是从中国的角度关注印度在国际社会上的作为,评估其可能对中国的对外关系产生何种影响,并在此基础上思考中国的应对之策。之所以会出现这种情况,其实是学术界站在自己的角度,或者说基于"中国立场"与"中国视角"而进行思考的结果。在笔者看来,要准确评估印度,首先要做到的是真正理解印度。真正深入的理解,可能不仅需要某种西方理论的框架,更需要对印度历史与文化的深入剖析。借用本书的概念,如果把印度看作"他者",我们也许就会重点关注其与我们不一样的地方。不过,对"他者"真正的理解,不仅需要关注差异,还需要以研究者的姿态"进入"对方的立场,关注对方面临的问题是什么,他们关注的问题是什么,以及这些问题产生的历史文化根由。这就需要对印度的历史与社会进行"同情之理解"式的剖析,因了解深入而能够对对方进行准确评估。印度国家认同建构问题之所以重要,也是因为这可能是印度人对自己国家、自己利益进行的认识与评估,也是我们认识印度这个国家、认识印度社会的一个窗口。

印度近年来在政治、经济、文化各方面的发展,使得印度国家的发展道路备受关注。印度一直在走一条独特的道路,在国家的发展过程中也确实形成一种有着印度特征的发展方式,这种发展方式被人们用一些方式加以概括,其中比较常见的是"印度模式""印度发展模式""印度增长模式""印度经济模式""印度经济现代化模式"等。从内容上看,绝大多数讨论印度模式的研究都与印度的崛起直接相关,许多学者十分强调印度的崛起具有特殊性,特别是印度的发展模式引起他们的极大关注。① 印度模式是一种"独具特色的印度经济发展模式","印度模式"或者"印度道路"为印度国民提供了一种良好的预期目标,并设定了一条实现这一目标的途径,指引着印度人民沿着这一途径为实现目标而奋斗。事实上,"印度模式"也为世界上许多人所看好,如 Mercer 公司人事部经理在 2011 年 4 月访问德里时说,"印度将成为世界出口的领头羊,而且将为世界创造一种模式"。② 对印度的民族自尊心起着推动作用,也在一定程度上激发着印度人民"做一个有声有色的大国"的豪迈志向,形成一种大国心态的实践。也正是这样一种特殊的大国心态,将处于不同经济基础和社会阶层的印度人民联结起来,锻造并改造着印度的国家认同。

印度的国际地位也在迅速提升。印度是"发展中国家参与国际组织最活跃的成员",③ 长期积极参与全球治理。印度是不结盟运动的倡导国和领导者,也是很多国际组织的缔约国和成员国。进入 21 世纪以来,印度积极参与八国集团、二十国集团、金砖国家等多边机制,并在其中发挥了重要作用。长期以来,印度在联合国和其他多边机制中发挥了重要的作用。2017 年,印度正式成为上海合作组织成员国。区域合作方面,印度加入南盟并在其中发挥了关键作用。德意志银行一份 2005 年的调查报告指出,"人们将看到印度在未来几十年中在亚洲以及世界能源组织中的积极作用,印度在 WTO 以及世界银行也将发挥积极的建设性作用"。④ 印度的国际影响力正在提升,未来印度必定会在其大国道

---

① 赵伯乐:《印度崛起模式探析》,《南亚研究》2008 年第 2 期。
② http://indiarealtime/2011/04/19/india-needs-global-leaders/.
③ 王玲:《世界各国参与国际组织的比较研究》,《世界政治与经济》2006 年第 11 期。
④ India as a global power? Deutsche Bank Research, December 16, 2005, http://www.db.com.

路上历经风雨，一路前行，其国家身份也会在独特的历史文化基因与复杂的世界局势之间选择一种符合历史逻辑的建构方式。在努力提升大国地位的同时，印度国内的问题同样错综复杂，很多问题也许是短时间内无法解决的痼疾。对于印度来说，在宗教文化浓郁、种姓制度根深蒂固的机体上套上英国式民主制度的鞋，走在路途遥远的征程上，是不是真的合脚还有待评估。印巴分治的后遗症直到现在还有影响，印巴分立时确定的国族建构基本原则，也在不断受到侵蚀与冲击。印度的国族建构还必须与时俱进地加以丰满充实，印度社会还必须以强有力的力量加以弥合，印度前进的道路仍面临一些变数。对于我们来说，要处理好与印度的关系，还需要从国家身份建构的历史与文化根由中寻求解决之道，也需要深入了解其国族建构诸问题的关键之处，只有抓住问题的要害来处理，方能得心应手。

主要参考文献

一、英文文献

[1] C. J. F. Williams, *What is Identity?* Published by Oxford University Press, England, 1989.

[2] William Bloom, *Personal Identity, National Identity and International Relations*, Published by the Cambridge University Press, United Kingdom, 1990.

[3] Anthony D. Smith, *National Identity*, Published by the Penguin Group, New York, 1991.

[4] *Cambridge History of India*, Published in the United States of America by Cambridge University Press, New York, 1993.

[5] T. V. Sathyamurthy. *Region, Religion, Caste, Gender and Culture in Contemporary India*, Published by Oxford University Press, England, 1996.

[6] Nagindas Sanghavi & Usha Thakkar, Regionalization of Indian Politics, *Economic and Political Weekly*, February 12 - 18, 2000.

[7] Salim Lakha & Michael Stevenson, Indian Identity in Multicultural Melbourne, *Journal of Intercultural Studies*, Vol. 22, No. 3, 2001.

[8] Barbara D. Metcalf & Thomas R. Metcalf, A *Concise History of India*, Published by Cambridge University Press, UK, 2002.

[9] Laura Dudley Jenkins, *Identity and Identification in India-efining*

the Disadvantaged, published by Routledge Curzon, New York, 2003.

[10] Anshuman A. Mondal, *Nationalism and Post-Colonial Identity: Culture and Ideology in India and Egypt*, Published by Routledge Curzon, New York, 2003.

[11] Chris Weedon, *Identity and Culture*, Published by Open University Press, England, 2004.

[12] Andrej Keba, The Concept of Self - Identity and Moral Conflicts, *Politicka Misao: Croatian Politicka Science Review*. 2004, Vol. 41, Issue 5.

[13] Gordon Johnson edited, *The New Cambridge History of India*, Published by the Cambridge University Press, United Kingdom, 2004.

[14] Jonathan Friedman, *Consumption and Identity*, published in the Taylor & Francis e - Library, 2005.

[15] H. V. Bowen, *The Business of Empire: The East India Company and Imperial Britain*, 1756-1833, Published by Cambridge University Press, United Kingdom, 2005.

[16] Bethan Benwell & Elizabeth Stokoe, *Discourse and Identity*, Published by Edinburgh University Press, British, 2006.

[17] Ferdinand Santos & Santiago Sia, *Personal Identity, the Self, and Ethics*, published by Palgrave Macmillan, New York, 2007.

[18] Shashi Tharoor, *India*, Published by the Penguin Group, New Delhi, 2007.

[19] *Democracy, Religious Violence, and India's Future*, Published by Harvard University Press, United States, 2008.

[20] Margaret Wetherel, *Theorizing Identities and Social Action*, Published by Palgrave Macmillan, England, 2009.

[21] Edited by David Arnold, *A History of India, Second Edition*, Published by Burton Stein, UK, 2010.

［22］Kathleen Kuiper edited, *The Culture of India*, Published by Britannica Educational Publishing, New York, 2011.

二、汉译文献

［1］马克思、恩格斯：《马克思恩格斯文集》，人民出版社 2009 年版。

［2］［印］甘地著，洪晓然译：《甘地自传》，中国书籍出版社 2016 年版。

［3］［印］贾瓦哈拉尔·尼赫鲁著，齐文译：《印度的发现》，世界知识社 1956 年版。

［4］［印］贾瓦哈拉尔·尼赫鲁著，张宝芳译：《尼赫鲁自传》，世界知识社 1956 年版。

［5］［印］辛哈、班纳吉著，张若达、冯金辛、王伟译：《印度通史》，商务印书馆 1964 年版。

［6］［印］罗梅什·杜特著，陈洪进译：《英属印度经济史》（上下册），生活·读书·新知三联书店 1965 年版。

［7］［印］R. C. 马宗达、H. C. 赖乔杜里著，张澍霖、夏炎德等译：《高级印度史》（上下册），商务印书馆 1986 年版。

［8］［英］特雷弗·菲希洛克著，袁传伟、任荣康译：《印度人》，上海译文出版社 1990 年版。

［9］［澳］A. L. 巴沙姆主编，闵光沛、陶笑虹等译：《印度文化史》，商务印书馆 1997 年版。

［10］［瑞士］吉尔伯特·艾蒂安著，许铁兵、刘军译：《世纪竞争：中国与印度》，新华出版社 2000 年版。

［11］［印］D·D. 高必善著，王树英、王维等译：《印度古代文化与文明史纲》，商务印书馆 1998 年版。

［12］［美］时代—生活图书公司编著，杨梅译：《王冠上的宝石·英属印度》(1600—1905)，山东画报出版社2001年版。

［13］［英］尼尼安·斯马特著，高师宁、金泽、朱明忠译：《世界宗教》（第二版），北京大学出版社2004年版。

［14］［德］马克斯·韦伯著，康乐、简惠美译：《印度的宗教——印度教与佛教》，广西师范大学出版社2005年版。

［15］［美］约翰·B.诺斯、戴维·S.诺斯著，江熙泰、刘泰星等译：《人类的宗教》（第七版），四川出版集团、四川人民出版社2005年版。

［16］［美］塞缪尔·亨廷顿著，程克雄译：《我们是谁？美国国家特性面临的挑战》，新华出版社2005年版。

［17］［印］阿马蒂亚·森著，刘建译：《惯于争鸣的印度人》，上海三联书店2007年版。

［18］［英］巴特·范·斯廷博根编，郭台辉译：《公民身份的条件》，吉林出版集团有限责任公司2007年版。

［19］［英］德波顿著，陈广兴、南治国译：《身份的焦虑》，上海译文出版社2007年版。

［20］［英］约翰·鲍克著，高师宁、朱明忠等译：《神之简史：人类对终极真理的探寻》，生活·读书·新知三联书店2007年版。

［21］［美］哈罗德·伊罗生著，邓伯宸译：《流氓之族：群体认同与政治变迁》，广西师范大学出版社2008年版。

［22］［美］亚历山大·温特著，秦亚青译：《国际政治的社会理论》，上海人民出版社2008年版。

［23］［德］赫尔曼·库尔克、迪牧玛尔·罗特蒙特著，王立新、周红江译：《印度史》，中国青年出版社2008年版。

［24］［印］沙尔玛著，张志强译：《印度教》，上海古籍出版社2008年版。

[25][印]阿马蒂亚·森著,李凤华、陈昌升、袁德良译:《身份与暴力——命运的幻想》,中国人民大学出版社2009年版。

[26][美]拉斐奇·多萨尼著,张美霞、薛落然译:《印度来了》,东方出版社2009年版。

[27][美]斯坦利·沃尔波特著,李建欣、张锦冬译:《印度史》,东方出版社2013年版。

[28][印]K.M.潘尼迦著,简宁译:《印度简史》,新世界出版社2016年版。

[29][美]芭芭拉·戴利·梅特卡夫等著,李亚兰、周袁、任筱可译:《剑桥现代印度史》,新星出版社2019年版。

[30][美]罗兹·墨菲著,黄磷译:《亚洲史》,三环出版社、海南出版社2004年版。

[31][美]弗朗西斯·X.克卢尼著,叶济源译:《印度智慧》,浙江大学出版社2008年版。

[32][美]M·N.皮尔森著,邰菊译:《新编剑桥印度史·葡萄牙人在印度》(第一卷第一分册),云南人民出版社2014年版。

[33][美]约翰·F.理查兹著,王立新译:《新编剑桥印度史·莫卧儿帝国》(第一卷第五分册),云南人民出版社2014年版。

[34][美]理查德·M.伊顿著,马骥、杜娟、邓云斐译:《新编剑桥印度史·德干社会史1300—1761·八个印度人的生活》(第一卷第八分册),云南人民出版社2014年版。

[35][英]C·A.贝利著,段金生译:《新编剑桥印度史·印度社会与英帝国的形成》(第二卷第一分册),云南人民出版社2015年版。

[36][美]斯图尔特·戈登著,李永芬译:《新编剑桥印度史·1600-1818年的马拉塔》(第二卷第四分册),云南人民出版社2015年版。

[37][美]托马斯·D.梅特卡夫著,李东云译:《新编剑桥印度

史·英国统治者的意识形态》（第三卷第四分册），云南人民出版社2015年版。

［38］［美］大卫·卢登著，资谷生、雍维雁、欧阳鹏译：《新编剑桥印度史·南亚农业史》（第四卷第四分册），云南人民出版社2015年版。

［39］［美］苏加塔·鲍斯著，王立新译：《新编剑桥印度史·农民劳动和殖民地资本·1770年以来的孟加拉农村》，云南人民出版社2016年版。

［40］［加］吉檀迦利·科拉纳德著，张文渊译：《印度》，旅游教育出版社2009年版。

［41］［英］米兰达·布鲁斯·米特福德、菲利普·威尔金森著，周继岚译：《符号与象征》，生活·读书·新知三联书店2010年版。

［42］［墨］奥克塔维奥·帕斯著，蔡悯生译：《印度札记》，南京大学出版社2010年版。

［43］［印］纳维·库马尔·巴克什著，吴亚洲译：《东行漫记：一个印度人眼里的中国》，中央编译出版社2016年版。

［44］［德］斯牧凡·贝格尔主编、孟钟捷译：《书写民族：一种全球视角》，浙江大学出版社2018年版。

三、中文专著

［1］［唐］玄奘著，［唐］辩机记录，范祥雍校：《大唐西域记汇校》，上海古籍出版社2011年版。

［2］季羡林：《印度简史》，湖北人民出版社1957年版。

［3］季羡林：《季羡林艺术著作选集·印度历史与文化》，新世界出版社2017年版。

［4］黄心川：《印度近代哲学家辩喜研究》，中国社会科学出版社

1979 年。

　　[5] 金克木：《印度文化论集》，中国社会科学出版社 1983 年版。

　　[6] 林承节：《印度现代史》，北京大学出版社 1995 年版

　　[7] 林承节：《印度古代史纲》，光明日报出版社 2000 年版。

　　[8] 林承节：《殖民统治时期的印度史》，北京大学出版社 2004 年版。

　　[9] 林承节：《印度史》，人民出版社 2004 年版。

　　[10] 林承节：《印度独立后政治经济社会发展史》，昆仑出版社 2003 年版。

　　[11] 尚会鹏：《印度文化传统研究：比较文化的视野》，北京大学出版社 2004 年版。

　　[12] 尚会鹏：《印度文化史》，广西师范大学出版社 2007 年版。

　　[13] 赵伯乐：《永恒涅槃：古印度文明探秘》，云南人民出版社 2000 年版。

　　[14] 钱乘旦：《日落斜阳：20 世纪英国》，华东师范大学出版社 1999 年版。

　　[15] 李文业：《印度史——从莫卧儿帝国到印度独立》，辽宁大学出版社 1998 年版。

　　[16] 尚会鹏：《种姓与印度教社会》，北京大学出版社 2001 年版。

　　[17] 庞中英：《中国与亚洲：观察·研究·评论》，上海社会科学院出版社 2004 年版。

　　[18] 王树英：《印度》，当代世界出版社 1998 年版。

　　[19] 邱永辉：《印度宗教多元文化》，社会科学文献出版社 2009 年版。

　　[20] 吴永年、季平：《当代印度宗教研究》，上海外语教育出版社 1998 年版。

　　[21] 王树英：《中印文化交流》，中国社会出版社 2014 年版。

［22］龙昌黄：《印度文明》，吉林美术出版社2012年版。

［23］李伯重：《火枪与账簿：早期经济全球化时代的中国与东亚世界》，生活·读书·新知三联书店2017年版。

［24］李建欣：《印度宗教与佛教》，宗教文化出版社2013年版。

［25］陈利君：《南亚国家经贸法律概述》，云南人民出版社2011年版。

［26］陈玉刚：《国际秩序与国际秩序观》，上海人民出版社2014年版。

［27］冯韧：《印度独立以来的南亚政策研究》，四川大学出版社2015年版。

［28］包刚升：《民主崩溃的政治学》，商务印书馆2014年版。

［29］陈延琪：《印巴分立：克什米尔冲突的滥觞》，新疆人民出版社2003年版。

［30］刘建、朱明忠、葛维钧：《印度文明》，中国社会科学出版社2004年版。

［31］薛克翘：《中国印度文化交流史》，昆仑出版社2008年版。

［32］文富德：《印度经济全球化研究》，巴蜀出版社2008年版。

［33］李加洞：《王公印度之"兴"亡研究：1906—1947年》，内蒙古大学出版社2014年版。

［34］尚劝余：《圣雄甘地宗教哲学研究》，中国社会科学出版社2004年版。

［35］王丽：《国大党的兴衰与印度政党政治的发展》，厦门大学出版社2014年版。

［36］杨永平：《尼赫鲁建国思想研究》，云南人民出版社2011年版。

［37］邱永辉、欧东明：《印度世俗化研究》，巴蜀书社2003年版。

［38］邱永辉：《印度宗教多元文化》，社会科学文献出版社2009

年版。

　　［39］杨翠柏：《南亚政治发展与宪政研究》，巴蜀书社2010年版。

　　［40］洪共福：《印度独立后的政治变迁》，黄山书社2011年版。

　　［41］李熠煜：《印度社会治理研究》，湘潭大学出版社2016年版。

　　［42］陈峰君：《东亚与印度》，经济科学出版社2000年版。

　　［43］宋志辉：《印度农村反贫困研究》，巴蜀书社2011年版。

　　［44］郑瑞祥：《印度的崛起与中印关系》，当代世界出版社2006年版。

　　［45］陈继东、晏世经：《印巴关系研究》，巴蜀书社2011年版。

　　［46］马孆著：《当代印度外交》，上海人民出版社2007年版。

四、中文论文

　　［1］彭树智：《甘地的印度自治思想及其国家观》，《史学集刊》1989年第1期。

　　［2］陈峰君：《印度政治制度评析》，《北京大学学报（哲学社会科学版）》1992年第3期。

　　［3］巩淑华：《英国殖民统治在印度引起的变化》，《石油大学学报（社会科学版）》1992年第4期。

　　［4］刘震宇：《试论1939—1947年英国对英属印度的政策兼谈印巴分治》，《华东理工大学学报》1994年第1期。

　　［5］唐鹏琪：《英殖民统治对印度经济的影响》，《南亚研究季刊》1994年第2期。

　　［6］郑家馨：《关于殖民主义"双重使命"的研究》，《历史研究》1997年第2期。

　　［7］杨翠柏：《真纳与巴基斯坦独立运动》，《南亚研究季刊》1997年第3期。

[8] 朱明忠：《印度教民族主义的兴起与印度政治》，《当代亚太》1999年第8期。

[9] 陆梅：《英国在印度推行西方教育的初衷及其影响》，《南亚研究》2000年第1期。

[10] 孙士海：《印度政治五十年》，《当代亚太》2000年第11期。

[11] 吴宏阳：《教派矛盾与印度的政治世俗化进程》，《郑州大学学报（哲学社会科学版）》2001年第3期。

[12] 乔卫红：《认同理论与国家行为》，《欧洲》2001年第3期。

[13] 卢正涛：《论印度政治发展道路的特点》，《贵州大学学报（社会科学版）》2002年第1期。

[14] 宋丽萍：《民族国家整合中的克什米尔问题》，《西安教育学院学报》2002年第4期。

[15] 孙溯源：《集体认同与国际政治———一种文化视角》，《现代国际关系》2003年第1期。

[16] 秦亚青：《国家身份、战略文化和安全利益》，《世界经济与政治》2003年第1期。

[17] 陶家俊：《启蒙理性的黑色絮语——从〈印度之行〉论后殖民知识分子的民族—国家意识》，《解放军外国语学院学报》2003年第3期。

[18] 刘莉：《英国的"分而治之"政策与印巴分治》，《南亚研究季刊》2003年第3期。

[19] 戴可来、姚远梅：《略论印度古代史的若干特点》，《黄河科技大学学报》2004年第1期。

[20] 陶家俊：《身份认同导论》，《外国文学》2004年第2期。

[21] 欧东明：《英殖民政府与印度教派主义的兴起》，《南亚研究季刊》2004年第3期。

[22] 刀书林、张四齐：《印度"国家意识"的推进和发展》，《现

代国际关系》2004 年第 10 期。

　　[23] 张骥、张泗考：《印度文化民族主义及其对印度社会政治的影响》，《当代世界社会主义问题》2006 年第 1 期。

　　[24] 宋丽萍：《宗教与印度国家整合》，《唐都学刊》2006 年第 5 期。

　　[25] 尹倩：《中国模式与印度模式之比较》，《理论与现代化》2006 年第 4 期。

　　[26] 罗志祥：《浅析民族分离运动中的认同因素》，《社科纵横》2006 年第 12 期。

　　[27] 郭家宏：《论英国对印度殖民统治体制的形成及影响》，《史学集刊》2007 年第 2 期。

　　[28] 宋丽萍：《试析印巴分治后印度穆斯林身份认同的发展变化》，《唐都学刊》2007 年第 6 期。

　　[29] 熊坤新、严庆：《印度民族问题与民族整合的厘定》，《西北民族研究》2008 年第 2 期。

　　[30] 刘晓燕：《种姓制度与印度社会》，《历史研究》2008 年第 3 期。

　　[31] 管银风：《印度宗教民族主义探析》，《世界民族》2008 年第 3 期。

　　[32] 李有发：《社会归属感的嬗变及其相关问题初探》，《宁夏社会科学》2008 年第 4 期。

　　[33] 戴轶尘：《欧盟集体身份"布鲁塞尔化"建构模式探析》，《世界经济与政治》2008 年第 4 期。

　　[34] 郭洪纪：《国家主义与当代印度崛起及其趋向辨析》，《青海师范大学学报（哲学社会科学版）》2009 年第 3 期。

　　[35] 秦亚青：《作为关系过程的国际社会——制度、身份与中国和平崛起》，《国际政治科学》2010 年第 4 期。

［36］秦亚青：《主体间认知差异与中国的外交决策》，《外交评论》2010 年第 4 期。

［37］兰江：《再论印度民族主义的兴起》，《历史教学》2010 年第 20 期。

［38］何博：《认同的本质及其层次性》，《大理学院学报》2011 年第 1 期。

［39］杨妍：《现代化进程中地域主义与国家认同危机》，《兰州大学学报（社会科学版）》2007 年第 3 期。

［40］邱永辉：《"印度教认同"与印度人民党》，《四川大学学报（哲学社会科学版）》1999 年第 1 期。

［41］付彦林：《外来挑战、身份认同与印度教民族主义的产生》，《南亚研究季刊》2017 年第 3 期。

［42］欧东明：《印度的民族认同与宗教认同》，《南亚研究季刊》2008 年第 4 期。

［43］王安琪：《古代印度并非统一的国家》，《学习与思考》1984 年第 4 期。

［44］华亚溪：《婆罗门教对古代印度中央集权国家构建的阻碍作用》，《重庆交通大学学报（社会科学版）》2016 年第 6 期。

［45］和红梅、周月：《印度教的历史演进与派别之争》，《南亚东南亚研究》2019 年第 3 期。

［46］赵东江：《英国殖民统治与印度的崛起》，《内蒙古民族大学学报》2010 年第 3 期。

［47］钱雪梅：《穆斯林民族主义的形成——以巴基斯坦建国为例》，《世界民族》2016 年第 3 期。

［48］庞海红、俞家海：《20 世纪英属印度省级行政区划改革探析》，《东南亚南亚研究》2012 年第 3 期。

［49］陈峰君：《论印度模式及其转型》，《南亚研究》2000 年第

1 期。

［50］薛克翘：《印度独立后思想文化的发展特点》，《当代亚太》2004 年第 4 期。

［51］薛克翘：《印度改革开放以后的文化变迁》，《当代亚太》2003 年第 8 期。

［52］宋海啸：《印度对外政策决策模式研究》，《南亚研究》2011 年第 2 期。

五、网站

［1］http: //www. india. gov. in.

［2］http: //www. hinduon. net. com.

［3］http: //www. hindustantimes. com.

［4］http: //www. frontline. in.

［5］http: //ejt. sagepub. com.

［6］http: //www. cru. org. au.

［7］http: //www. erudit. org.

［8］http: //www. itaipu. gov. br.

［9］http: //www. openup. co. uk.

［10］http: //janamejayan. wordpress. com.

［11］http: //www. swaveda. com.

［12］http: //www. samarthbharat. com.

［13］http: //www. j - bradford - delong. net.

［14］http: //www. indiatimes. com.

后 记

呈现在读者面前的这本小书，是笔者十余年来学习南亚历史与文化的一份"期中作业"。在这个炎热而略微有些沉闷的季节里，坐在电脑前看着文稿，回想起十年前，我选择将南亚问题作为我学术生涯的理想追求的时候。那也是一个夏秋之交，我带着些许憧憬来到云南大学攻读硕士学位，幸运地拜在了赵伯乐老师门下学习南亚问题。转眼十年过去了，我又经历了在四川大学陈继东老师门下攻读博士学位的四年时间，再到瑞典斯德哥尔摩留学一年多时间，又回到湖南师范大学从事教学与研究工作，南亚问题研究一直是我的专业方向，思考南亚问题也成为我的日常习惯。十年的时间不算很长，但对于我来说，却过得漫长而充实。十年间，我的学问可能还很不成熟，但我追求真理的初心如故。我愿意用这样一本不成熟的小书，献给这充满激情与活力的十年。

这本小书的缘起其实是我的硕士论文。硕士论文答辩也已经过去多年，我的思考也有了很多的变化，篇幅也扩充了一倍有余。对我个人而言，硕士论文奠定的基础，对我日后的学术研究至关重要。我的硕士论文尝试着从历史与现实的角度讨论印度的国族建构与"印度人"的身份认同问题。读博以后，笔者深感身份认同问题对于印巴两国渊源的思考还有待更进一步，便选择了穆斯林联盟这个兼具现代政党制度与宗教特色的政党作为研究主体，讨论穆盟与巴基斯坦国家建构与民族认同的互动关系。工作以后，我更进一步以印巴冲突为主题，并以《印巴冲突对"一带一路"的影响及对策研究》申请了国家社科基金项目。在多年的学习和研究之后，我逐渐体悟到对印巴关系现实问题的研究，历史的视角不可或缺，研究的深入也需要以历史与社会问题的研究积淀作为基础。回首硕士论文对印度国家认同问题的讨论，深感这段研究经历对我的学术积累至关重要，而且这个问题还有深入讨论的必要，于是便有了这本小书的产生。

  印度有着大国的体量，也怀着大国的梦想，同时还有悠久灿烂的文明，其国族认同建构的情况也非常复杂。以一本小书的体量，其实不容易将这个复杂的问题说清楚。尽管如此，我还是希望能够对这个问题发表一些不成熟的看法，以为引玉之砖，带来更多的讨论。交稿的日期临近，回过头来看，虽然经过一些修改和扩充，但这本小书的思考还是带有硕士论文的稚嫩感。书稿的修改比较仓促，我的思考也还有太多的不成熟之处，错误之处一定不少，真心期待能够得到学界的批评。

丁建军记于岳麓山下

2019 年 8 月